U0621140

# 思想政治理论与教育教学研究

王娟 著

中国纺织出版社有限公司

图书在版编目（CIP）数据

思想政治理论与教育教学研究 / 王娟著. -- 北京：
中国纺织出版社有限公司，2023.9
ISBN 978-7-5229-1041-3

Ⅰ. ①思… Ⅱ. ①王… Ⅲ. ①高等学校—思想政治教
育—研究—中国 Ⅳ. ①G641

中国国家版本馆 CIP 数据核字（2023）第 179754 号

责任编辑：张 宏 责任校对：王花妮 责任印制：储志伟

中国纺织出版社有限公司出版发行
地址：北京市朝阳区百子湾东里 A407 号楼 邮政编码：100124
销售电话：010—67004422 传真：010—87155801
http://www.c-textilep.com
中国纺织出版社天猫旗舰店
官方微博 http://weibo.com/2119887771
北京虎彩文化传播有限公司印刷 各地新华书店经销
2023 年 9 月第 1 版第 1 次印刷
开本：787×1092 1/16 印张：9.75
字数：195 千字 定价：98.00 元

# 前　　言

　　我国的高校思想政治教育是一项有目的、有计划的教育活动,这项活动的主要目的是帮助大学生树立正确的三观,强化高校学生的理想信念和民族精神,深化高校素质教育水平,实现大学生的全面发展。因此,我们可以认为,高校思想政治教育是实现中华民族伟大复兴的一项重大战略任务。当前高校思想政治教育的主要任务是改革和完善高校思想政治教育工作,从而摸索出一条增强科学性和实效性的教育途径。

　　大学生思想政治教育工作是自改革开放以来我国高校教学工作的重要内容之一。全国高校思想政治教育工作者致力于教学内容及教学方法的完善,使高校思想政治教育课程更富针对性和感染力。

　　本书共八章内容。第一章阐述了思想政治教育学科的内涵与定位。第二章阐述了高校思想政治教育学科的本质讨论。第三章阐述了高校思想政治教育的价值与功能理论。第四章阐述了高校思想政治教育的原则与方法理论。第五章阐述了高校思想政治教育的教学内容构建理论。第六章阐述了高校思想政治教育教学质量的提升路径。第七章阐述了高校思想政治理论课教学内容拓展研究。第八章阐述了高校思想政治理论课教学创新研究。

　　在撰写本书过程中,作者参考和引用了大量的参考文献和研究成果,在此对这些作者表示由衷的感谢。由于作者的水平有限,书中难免会出现错误或瑕疵,敬请各位专家和读者提出宝贵意见。

王　娟

2023 年 9 月

# 目　录

第一章　思想政治教育学科的内涵与定位 ……………………………… 1

　　第一节　思想政治教育学科的内涵 ………………………………… 1

　　第二节　思想政治教育学科的定位 ………………………………… 9

第二章　高校思想政治教育学科的本质讨论 …………………………… 19

　　第一节　高校思想政治教育本质讨论的代表性观点 …………… 19

　　第二节　深化高校思想政治教育本质研究的思考与探索 ……… 23

第三章　高校思想政治教育的价值与功能理论 ………………………… 29

　　第一节　高校思想政治教育的价值理论 ………………………… 29

　　第二节　高校思想政治教育的功能理论 ………………………… 34

第四章　高校思想政治教育的原则与方法理论 ………………………… 47

　　第一节　高校思想政治教育方法论的结构与体系 ……………… 47

　　第二节　高校思想政治教育的原则方法及体系 ………………… 55

　　第三节　高校思想政治教育方法创新研究 ……………………… 62

　　第四节　选择思想政治教育方法的要求 ………………………… 69

第五章　高校思想政治教育的教学内容构建理论 ……………………… 73

　　第一节　高校思想政治教育的基础知识与主导内容 …………… 73

　　第二节　高校思想政治教育内容的创新研究 …………………… 90

　　第三节　高校思想政治教育内容研究述评 ……………………… 97

第六章　高校思想政治教育教学质量的提升路径 ……………………… 99

　　第一节　充分发挥高校思想政治理论课"主渠道"功能 ……… 99

　　第二节　增强高校思想政治理论课的亲和力与针对性 ………… 102

　　第三节　"基础"课教学质量的提升研究 ……………………… 106

第七章　高校思想政治理论课教学内容拓展研究 ……………………………… 111

　　第一节　高校思想政治理论课教学中劳模精神的融入研究 ……………… 111

　　第二节　教学体系中大学生志愿服务的融入研究 ………………………… 117

　　第三节　高校思想政治理论课教学中美育教育的融入研究 ……………… 121

第八章　高校思想政治理论课教学创新研究 ………………………………… 127

　　第一节　以"八个相统一"引领高校思政课改革创新 …………………… 127

　　第二节　人工智能环境下高校思想政治教学工作的创新与守正 ………… 131

　　第三节　以课程为中心建设推进高校思政课教学改革创新 ……………… 137

参考文献 ……………………………………………………………………… 145

# 第一章　思想政治教育学科的内涵与定位

对思想政治教育学科内涵与定位的研究，是思想政治教育学科基础理论研究的重要领域和基本问题。自 20 世纪 80 年代以来，学界围绕思想政治教育学科的内涵及定位的研究从未停止。需要特别指出的是，随着马克思主义理论一级学科的设立，思想政治教育成为下属二级学科，学科地位得以明确和提升，这为从事思想政治教育研究的学者们开拓了更加广阔的学术空间，进一步激发了研究者的研究热情，研究成果不断涌现。

## 第一节　思想政治教育学科的内涵

"内涵"亦称"内包"，指概念所反映的对象的特有属性，是一个概念所反映的事物的本质属性的总和，也就是概念的内容。所谓学科内涵，就是指一个学科的内在规定性，即学科包含的内容。任何一门学科都有着自身特定的学科内涵，以区别于其他学科，思想政治教育学科也不例外。科学认识思想政治教育学科内涵是把握思想政治教育学科建设与发展的前提和基础。

### 一、对思想政治教育学科内涵的几种认识

《关于调整增设马克思主义理论一级学科及所属二级学科的通知》指出："思想政治教育是运用马克思主义理论与方法，专门研究人们思想品德形成、发展和思想政治教育规律，培养人们正确世界观、人生观、价值观的学科。"这为认识、把握和进一步研究思想政治教育学科内涵提供了基本依据。

有学者指出，思想政治教育学科作为马克思主义理论一级学科下设的二级学科的特定身份，在某种意义上决定着该学科的特定内涵与特点。一方面，思想政治教育具有马克思主义理论一级学科所共同具有的学科内涵和特点，尽管在名称上没有直接出现"马克思主义"字样，但它实际上具有马克思主义的性质，是一门马克思主义的学科。另一方面，思想政治教育在马克思主义一级学科中具有不同于其他几个二级学科的特点，这个特点是它的应

用性或称教育性，它是围绕"教育"来解释学科内涵的，可以说注重教育是它与其他相关学科的主要区别。❶ 但在如何理解和把握思想政治教育学科内涵上，学界存在不同认识。

**（一）"学科专业说"**

即将思想政治教育专业看作思想政治教育学科，认为二者相同。1984 年教育部发布的《关于在十二所院校设置思想政治教育专业的意见》指出，为了适应新的历史时期思想政治工作的需要，决定在部分高校设置思想政治教育专业，采取正规化的方法培养大专生、本科生和第二学士学位生等各种规格的思想政治工作专门人才，有条件的还可培养研究生。这标志着思想政治教育在国家高等教育体系中专业地位的确立，正因如此，人们往往把思想政治教育专业的设置，作为思想政治教育学科的肇始。这一说法也得到学界的普遍认可，并且在学界有关回顾思想政治教育学科发展历程、梳理学科历史经验、剖析学科发展面临的问题以及探寻学科建设的路径等众多著述中，均有体现。日常生活中，"专业"和"学科"两个概念有时会被作为同义词使用，在特定语境下，一般不会产生歧义。从实践历程看，思想政治教育学科的建设发展与思想政治教育专业的建设发展休戚相关、相伴相随，但从理论层面看，作为学科的思想政治教育同作为专业的思想政治教育在内涵上还是存在着一定差别。

**（二）"知识体系说"**

即认为思想政治教育学科就是思想政治教育学的知识体系。"思想政治教育学科是关于思想政治教育活动规律，人的思想形成、变化发展规律，以及两者相互关系及其与社会环境交互作用的专门知识的体系。"❷ 一些学者在探讨和研究思想政治教育学科建设时，也往往着眼于思想政治教育学知识体系建构与深化的视角。有学者在学术专著中用较大篇幅深入探讨了思想政治教育学科建设，明确提出了"思想政治教育学的学科化发展趋势"的命题，提出传统取向、德育学和教育学取向、管理学取向、工程学取向、行为学取向五种"思想政治教育学科建设的不同取向"，剖析了思想政治教育学科建设方面存在的问题与不足，并指出了学科建设的努力方向。❸ 这些论述中涉及的思想政治教育学科指的就是思想政治教育学，持这一观点的研究者主要是在思想政治教育学意义上使用思想政治教育学科概念的，基于特定的视域，将思想政治教育学科建设一定程度上等同于思想政治教育学知识体系建设。事实上，现有的有关思想政治教育学科内涵的研究成果大都是基于思想政治教育学知识体系视角而展开的。

**（三）"综合要素说"**

即认为思想政治教育学科由多重综合要素构成。有学者主张思想政治教育学科包括目

❶ 刘建军．关于思想政治教育的学科内涵及建设的思考 [J]．思想理论教育导刊，2007（3）：5．
❷ 邱柏生．试析思想政治教育专业建设的有关问题 [J]．思想教育研究，2012（9）：5．
❸ 张耀灿，徐志远．现代思想政治教育学科论 [M]．武汉：湖北人民出版社，2003：80－106．

标体系、知识体系、队伍体系、平台体系、方法体系、评价体系等诸多要素。❶ 也有学者剖析了思想政治教育、思想政治教育学与思想政治教育学科之间的关系，指出思想政治教育学科是思想政治教育学术共同体，它是以思想政治教育学知识为基础，由诸多要素组成的学术性社会共同体❷；认为思想政治教育学科属于科学研究的学术组织，作为整体的思想政治教育学科应当包含思想政治教育学知识、思想政治教育学术成员、思想政治教育学科价值观、思想政治教育学科研究、思想政治教育学科服务、思想政治教育学术规范、思想政治教育学科氛围等诸多内涵要素。这些内涵要素在思想政治教育学科中具有各自的功能和作用，如前提和基础、主体、思想凝聚、发展动力、必要条件、重要标志、外部条件等，各要素间是相互依存的关系❸。

就以上关于学科内涵的几种说法，"学科专业说"强调了学科发展与专业建设的密切联系，有利于推动专业建设和学科发展的并进；"知识体系说"强调了严整知识体系的构建对于学科建设发展的基础性地位和重要作用，有利于促进学科基础理论研究的深化；"综合要素说"从系统论的角度阐释了思想政治教育学科的组成要素和功能结构，有利于为整体推进思想政治教育学科的内涵式发展提供路径参考。以上观点，体现了学者们认识和考察思想政治教育学科的不同视角，不存在根本的对立和冲突，也得到学界较为普遍的认同。

## 二、关于思想政治教育的概念

"思想政治教育"是思想政治教育学科的基本概念，也是构建学科话语体系的基础性概念、核心概念，是本学科不能回避且必须做出回答的元问题。对思想政治教育概念的探讨以及相关概念的辨析始终是学界讨论最多、争议较大的论题之一，"思想政治教育"一直是学界热议的对象。关于思想政治教育这一概念的科学界定还没有达成共识。以本学科领域的主要理论期刊为例，如《思想理论教育导刊》《思想教育研究》《思想理论教育》《思想政治教育研究》《学校党建与思想教育》《思想政治工作研究》等，这些期刊虽然刊名各异，但在栏目设置及刊载文章的主要内容等方面基本没有太大的差别。从操作层面看，尽管名称不同利于区分，但也反映了该学科领域在基本概念使用上存在一定程度的杂乱。日常语境下可以不加区分甚至相互替代，但理论研究应当明确和规范。

学界关于思想政治教育概念的界定主要体现在自学科创立以来的众多关于思想政治教育学原理的教材和学术拓展中。有学者认为，思想政治教育是"培养、塑造一定社会新人思想道德素质的教育实践活动"，受社会经济、政治、文化的制约和影响，包括思想教育、

---

❶　李辽宁.内涵式发展：新时期思想政治教育学科建设的思考 [J].思想政治教育研究，2013（3）：4.
❷　孙其昂.论思想政治教育学科的系统建构 [J].思想教育研究，2010（3）：5.
❸　孙其昂.思想政治教育学前沿研究 [M].北京：人民出版社，2013：110－112.

政治教育、道德教育。❶ 有学者认为,思想政治教育是"社会有组织地定向地引导人们形成合乎特定社会和时代要求的思想政治观点的教育工程"❷。有学者指出,思想政治教育就是这样一种社会实践活动,即"一定的阶级或政治集团,为了实现一定的政治目标,有目的地对人们施加思想政治的影响,以期转变人们的思想,进而指导人们行动的社会行为"❸。有学者认为,思想政治教育就是"一定阶级或政治集团,为了实现其政治目标和任务而进行的,以政治思想教育为核心与重点的,思想、道德和心理综合教育实践"❹。有学者认为,思想政治教育是"一定的阶级、政党、社会集团,为实现自己的政治目的,通过教育活动,对所有社会成员施加某种思想影响,使其接受并形成一定的政治观念和行为意识,从而支配他们自觉地去行动的实践活动"❺。有学者认为,思想政治教育是指"一个阶级或集团为了建立或巩固其政治统治而进行的符合本阶级或集团根本利益的,包括一定的政治、法律、哲学、道德和艺术理论的教育"❻。有学者认为,思想政治教育是"一定的阶级、政党、社会群体用一定的思想观念、政治观点、道德规范,对其成员施加有目的、有计划、有组织的影响,使他们形成符合一定社会、一定阶级所需要的思想品德的社会实践活动"❼。有学者认为,思想政治教育是"一定的社会政治集团或政治组织机构,为实现其特定的政治目标,通过一定的精神方式和相应的物质载体,对所辖区域内的民众施加有计划和有组织的思想政治影响,使之具备较高思想政治素质的社会教育活动"❽。有学者主张推进思想政治教育研究范式的人学转换,对学科核心概念进行优化,认为思想政治教育是"一定的阶级、社会、组织、群体与其成员,通过多种方式开展思想、情感的交流互动,引导其成员吸纳、认同一定社会的思想观念、政治观点、道德规范,促进其成员知、情、意、信、行均衡协调发展和思想品德自主建构的社会实践活动"❾。

有学者考察了思想政治教育概念的语义逻辑,认为应从广义的角度来界定和把握思想政治教育概念,这不仅符合语义的逻辑结构,更是时代发展、学科发展的内在需要❿。有学者则指出,"思想政治教育广义之说不成立",同时强调"思想政治教育狭义之举不可取"⓫。有学者对学科成立以来思想政治教育概念内涵的嬗变进行了梳理,归纳出"施加论""转化论""内化论""发展论"等观点,认为思想政治教育概念界定模式的嬗变反映

❶ 邱伟光. 思想政治教育学概论 [M]. 天津:天津人民出版社,1988:1.
❷ 王礼湛. 思想政治教育学 [M]. 杭州:浙江大学出版社,1989:69.
❸ 陆庆壬. 思想政治教育学原理 [M]. 北京:高等教育出版社,1991:4.
❹ 陈秉公. 思想政治教育学 [M]. 长春:吉林大学出版社,1992:2-3.
❺ 刘书林,陈立思. 青年思想政治教育学原理 [M]. 北京:中国青年出版社,1999:3.
❻ 杨生平,隋淑芬. 思想政治教育理论研究 [M]. 北京:首都师范大学出版社,1999:60.
❼ 张耀灿,郑永廷,吴潜涛,等. 现代思想政治教育学 [M]. 北京:人民出版社,2001:6.
❽ 秦在东. 思想政治教育管理论 [M]. 武汉:湖北人民出版社,2003:17.
❾ 张耀灿. 推进思想政治教育研究范式的人学转换 [J]. 思想教育研究,2010(7):4.
❿ 倪愫襄. 思想政治教育概念的逻辑分析 [J]. 学校党建与思想教育,2013(9):4.
⓫ 王树荫. 思想政治教育学科边界再思考 [J]. 思想教育研究,2013(6):2.

了人们自觉追求生命意义的内在发展向度，体现了学界对思想政治教育规律认识与把握的逐步深化。❶ 有学者将思想政治教育概念嬗变脉络主要归结为"施加论""引导论""转化论""动员论""建构论"等几种模式，认为前四种模式存在典型的社会本位价值趋向，在强调思想政治教育的工具性价值的同时，容易忽视受教育者的主体性，对人的发展关注不够，需要进一步优化；而"建构论"模式从马克思主义人学范式角度，强调个体思想品德的自主建构，给创新概念理解提供了重要的借鉴和启示。❷

### 三、关于思想政治教育学科的研究对象

研究对象属于学科内涵的核心范畴，每一门学科都有自己特有的研究对象，它是一个学科成立的内在依据和重要标志，也是一个学科发展的逻辑起点。因此，明确学科研究对象成为建构一门学科严谨和完整的理论体系的起始性环节和关键所在。在思想政治教育学的研究对象问题上，自该学科酝酿及成立以来，学界曾形成了"现象说""关系说""问题说""观念说""规律说"等众多观点和主张。

（1）"现象说"。有学者主张将"思想现象"作为思想政治教育的研究对象，提出应建立思想现象学理论。该观点将思想现象作为思想政治教育学科的元概念和逻辑起点，提出"思想的闪光"和"闪光的思想"两个概念，并认为"从思想的闪光到闪光的思想，有一个完整的思维过程，这个过程自始至终的全部思想活动的表象（或人对历史和现实世界的各种问题的思维状况的反映表象）都包括在思想现象的概念之中"。思想政治教育学应该从研究思想入手，通过教育活动，实现人的思想的转变。❸

（2）"关系说"。有学者认为，思想政治工作学的研究对象应该是"思想关系"，即人们在思想上的联系及各种思想相互影响、相互作用的关系。整个社会关系应分为物质关系和思想关系，思想关系是不以人们的意志和意识为转移而形成的物质关系的上层建筑。这一观点强调思想关系才是思想政治教育学的研究对象，并论证了相应的历史的根据、现实的根据和理论的依据。❹

（3）"问题说"。有学者认为，将"思想政治教育"的学科名称改为"思想教育"更加合理，有利于圈定研究对象与研究范围，可以使学科层次性更加明显，有利于明确学科范畴，有助于构建学科课程体系，从而在理论上和实践中使许多问题得到合理解决；并指出该学科的研究对象是"世界观教育、人生观教育、价值观教育、政治观教育、道德观教育等方面的理论与实际问题"。❺

（4）"观念说"。有学者认为，综观思想政治教育的实践活动，思想政治教育所做的大

❶ 张国启，张皓.改革开放30年思想政治教育概念内涵的嬗变及启示[J].广西教育学院学报，2009（4）：4.
❷ 侯勇，孙其昂.思想政治教育概念学科认识的三维路径[J].探索，2012（6）：6.
❸ 李鸿义，霍绍周，谢圣明，等.亟待建立一门思想现象学[J].学校党建与思想教育，1987（3）：4.
❹ 余仰涛.论思想政治工作科学的研究对象——思想关系[J].江汉论坛，1992（9）：3.
❺ 黄钊.关于思想政治教育学科名称的思考[J].学校党建与思想教育，2002（3）.

量工作是围绕思想价值观念展开的，思想政治教育的最终目的就是对人们的思想进行价值引导，实现人们思想的价值转变。因而，思想政治教育学的研究对象应是"人们的思想价值观念"。将思想政治教育的研究对象界定为"思想价值观念"符合思想政治教育的实践，使研究对象的范围更为确定，更能体现理论的严谨性和科学性，也更符合思想政治教育学学科性质。❶

（5）"规律说"。持"规律说"的学者认为，思想政治教育的研究对象是某种"规律"，思想政治教育的研究就是对"规律"的探寻与揭示。但是，对于作为研究对象的规律，学者们有着各自不同的界定与表达，如"一规律说""二规律说""三规律说"。

①"一规律说"。有学者认为，思想政治教育学是关于人们的思想和行为关系的学说，是在人的思想本性上研究"人们的先进思想、健康意识形成、发展的一般规律"的科学。❷有学者认为，思想政治工作学（思想政治教育学）的研究对象是人们的政治思想、行为，而不是一般的思想、行为，人们的政治思想和政治行为是有规律的，阐明这些规律是思想政治工作学的任务。❸有学者主张以"整个社会的思想政治教育实践过程及其规律"作为研究对象❹。有学者认为，思想政治教育的研究对象应该是"思想政治观点形成发展过程及其教育规律"❺。有学者主张以"思想政治教育产生、本质及其发展最一般规律"为思想政治教育学的研究对象❻。有学者认为，思想政治教育学的研究对象是"人的思想政治品德形成与发展规律"❼。有学者认为，思想政治教育学的研究对象是"思想政治教育现象及其运行规律"，不包括"人的行为形成与发展的规律"，强调后者属于行为学的研究对象，不能将其"拼入"思想政治教育学科。❽还有学者尽管承认两个规律的存在，但认为思想政治教育学以"思想政治教育的规律为研究对象"，虽然应重视对人们的思想品德形成发展的研究，但它可由另一门独立学科（如思想政治教育心理学）去专门研究。❾

②"二规律说"。有学者认为，"思想政治教育作为一门科学，它研究的是人的思想发展变化的规律，以及人们实施思想政治教育的规律"❿。有学者认为，思想政治工作学应该"研究人的政治思想和行为的活动规律，以及党对群众进行思想政治教育的基本规律"⓫。有学者认为，思想政治教育学的研究对象是"人的政治思想、品质、观点的形成、发展、

❶ 刘梅．思想政治教育学研究对象新论［J］．东南大学学报（哲学社会科学版），2001（2）：4.
❷ 林锦峰．思想政治教育学有待于继续深入探讨［J］．中山大学学报（社会科学版），1989（3）：7.
❸ 恽重．思想政治工作学的对象究竟应该是什么［J］．思想政治工作，1992（6）：2.
❹ 杨生平，隋淑芬．思想政治教育理论研究［M］．北京：首都师范大学出版社，1999：102.
❺ 王礼湛，余萧枫．思想政治教育学［M］．杭州：浙江大学出版社，1999：4.
❻ 仓道来．思想政治教育学［M］．北京：北京大学出版社，2004：18（3）．
❼ 陈成又，姜正国．思想政治教育学［M］．长沙：湖南师范大学出版社，2007：7.
❽ 刘新庚，李四益，文银花．对思想政治教育学科研究对象的新认识［J］．探索，2002.
❾ 吕才明．关于思想政治教育学研究对象的商榷［J］．思想教育研究，1991（6）．
❿ 杨静云．学生思想政治教育是一门科学［J］．高等教育，1982（1）．
⓫ 张蔚萍，张俊南．思想政治工作概论［M］．西安：陕西人民出版社，1983：2.

变化的规律，以及向人民群众进行思想政治教育的规律"❶。有学者认为"思想政治工作学除了把人的思想、立场和行为规律作为自己的研究对象外，还要把思想政治工作的规律作为研究对象"❷。有学者把"人们的社会主义、共产主义思想意识形成和发展规律以及依据这一规律对人们科学地实施思想政治教育的规律"作为思想政治教育的研究对象❸。有学者认为，思想政治教育学的研究对象是"关于教育客体科学的思想意识形成、发展、变化的规律以及教育主体如何依据客体的身心发展特点实施思想政治教育的规律"❹。有学者认为，思想政治教育学的研究对象应该是"人的思想政治品德形成和发展以及对人们进行思想政治教育的规律"❺。有学者认为思想政治教育学必须以"思想品德和心理素质教育规律与人的思想品德和心理素质发展变化规律"为研究对象❻。

③"三规律说"。有学者认为思想教育科学研究必须考虑三个方面的思想现象的变化规律，即教育对象思想变化的规律、教育者认识思想现象的规律、教育者和被教育者在一定环境条件下的互相关系的变化规律❼。有学者认为，思想政治教育学科的研究对象是人们的思想政治素质形成发展的规律、对人们进行思想政治教育的规律和思想政治教育产生发展的规律。其中，前两个是微观的规律，主要属于思想政治教育活动过程中思想政治教育的对象和主体各自的规律，而后一规律是宏观的规律，是思想政治教育作为整体在形成发展过程中所呈现出的规律。由于思想政治教育学科具有应用学科的性质，其主要目的在于把马克思主义科学理论和无产阶级政党的路线方针政策传递给人民群众，为人民群众所掌握，因而在三个规律中第二个规律具有最核心、最重要的意义。❽

在以上有关思想政治教育学研究对象的种种观点中，持"现象说""关系说""问题说"和"观念说"的学者较少。实际上，这些学者也并非漠视现象、关系、问题和观念所反映的规律，比如，持"现象说"的学者也承认"以人们的精神世界为对象的思想教育不得不考虑人的丰富多彩的精神世界的变化规律"，认为"研究思想现象，也就是以此去寻求人的思想活动规律"。❾因而在某种程度上讲也是"规律说"，只不过在对探寻规律的切入点和关注点的认识上有所差别而已。目前来看，主张"规律说"的学者占绝大多数。就"规律说"而言，尽管不同时期、不同学者的表述有所区别（实际上同一学者在不同时期甚至同一时期的不同著述中的观点表达也不尽一致），但大同小异，可将规律概括为"人的思想品德形成发展的规律"和"对人们进行思想政治教育的规律"，有学者主张取其一，

❶ 陈百君.思想政治教育学 [M].大连：大连工学院出版社，1988：4.
❷ 岳忠强.思想政治工作学原理 [M].北京：解放军出版社，1989：9.
❸ 国家教委思想政治工作司.思想政治教育学原理 [M].北京：高等教育出版社，1991：9.
❹ 李辉.思想政治教育学研究对象的科学审视 [J].中山大学学报（社会科学版），1998（2）：6.
❺ 邱伟光，张耀灿.思想政治教育学原理 [M].北京：高等教育出版社，1999：8.
❻ 陈秉公.思想政治教育学原理 [M].北京：高等教育出版社，2006：7.
❼ 李鸿义，霍绍周.思想教育科学化的几个问题 [J].高校德育研究，1986（4）：32.
❽ 刘建军.关于思想政治教育的学科内涵及建设的思考 [J].思想理论教育导刊，2007（3）：5.
❾ 李鸿义，霍绍周.思想教育科学化的几个问题 [J].高校德育研究，1986（4）：32.

有学者主张二者兼取，有学者主张在二者之外有所拓展。这"两个规律"其实是一个问题的两个方面，既有一定区别，又存在密切联系。从受教育者的角度而言，是研究其思想品德形成发展的规律，从教育者的角度来说，是研究进行思想政治教育的规律，两者具有因果联系，辩证统一于思想政治教育实践过程之中。基于此，有学者指出，思想政治教育学的研究对象是人们思想品德形成发展和对人们进行思想政治教育的规律，简言之，就是思想政治教育的规律❶。

尽管有学者认为，"广大的专家、学者，对思想政治教育学的名称、研究对象、基本范畴、基本规律等还没有一个普遍的认定"❷，但从目前来看，把思想政治教育学的研究对象规定为"人的思想品德形成发展以及对人们进行思想政治教育的规律"的观点，得到了越来越多学者的认同，专家、学者们的探索与争鸣为深入推进该学科的理论研究奠定了良好的学术基础，开拓了广阔的思维空间。

## 四、关于思想政治教育学科的本质属性

思想政治教育学科的存在与发展是建立在当代中国社会对马克思主义思想政治教育建设与发展的现实需要的基础之上的。思想政治教育作为一门独立的学科具有鲜明的学科特性，具体表现为阶级性和政治性。从一定意义上讲，只有代表特定阶级利益、为特定阶级服务的思想政治教育学科，没有超阶级的、普适的思想政治教育学科❸。

有学者认为，思想政治教育以马克思主义理论体系为学科的理论基础，以马克思主义理论教育为学科主旨和灵魂，以捍卫马克思主义在我国思想政治教育领域的指导地位为学科使命。把握思想政治教育的学科属性，必须充分认识和理解它的政治性。推进学科建设与发展要从我国社会主义需要出发，贴近社会主义意识形态建设的实践需要。离开当代中国社会主义建设与发展，思想政治教育学科的实践基础必然会弱化，学科特性会淡化，学科功能和社会价值会钝化❹。

有学者认为，思想政治教育学的特点主要表现为科学性与价值性的统一、理论性与应用性的统一、综合性与创造性的统一❺。有学者将思想政治教育学的特点概括为党性与科学性相结合、理论性与实践性相结合、独立性与综合性相结合、批判性与继承性相结合❻。有学者认为，思想政治教育学科最富有中国特色，具有很强的理论性、明显的综合性、突出的应用性，是一门价值性与科学性紧密结合的人文学科、理论性与实践性紧密结合的综合学科、针对性与实效性紧密结合的应用学科，并首次提出"思想政治教育学科的性质规

---

❶ 张耀灿，郑永廷，吴潜涛，等. 现代思想政治教育学 [M]. 北京：人民出版社，2001：34.
❷ 余仰涛，熊习岸. 建设思想政治教育学应当正视的几个问题 [J]. 江汉论坛，2003 (7).
❸ 白显良. 论思想政治教育的根本学科使命 [J]. 学校党建与思想教育，2012 (4)：4.
❹ 白显良. 论思想政治教育的马克思主义学科属性 [J]. 学校党建与思想教育，2010 (4)：4.
❺ 张耀灿，郑永廷. 现代思想政治教育学 [M]. 北京：人民出版社，2006：45 - 47.
❻ 陈秉公. 思想政治教育学原理 [M]. 北京：高等教育出版社，2006：10 - 14.

范"概念，认为其性质规范主要体现为社会主义实践性和目的性。❶有学者认为，思想政治教育学体现了党性和群众性的统一、理论性和实践性的统一、真实性和科学性的统一、战斗性和策略性的统一❷。有学者认为，思想政治教育学体现了科学性和价值性的统一、理论性和应用性的统一、综合性和创新性的统一、客观现实性和前瞻性的统一❸。有学者认为，思想政治教育学科体现了理论性与实践性相统一、综合性与创新性相统一、党性与群众性相统一、战斗性和策略性相统一❹。还有学者将思想政治教育学的特点概括为时代性与科学性的统一、民族性与开放性的统一、理论性与实践性的统一、综合性与交叉性的统一❺。

有学者认为，要正确认识思想政治教育学科的人文性和科学性、理论性和应用性等问题。他指出：思想政治教育学本质上属于社会科学，其研究应使用社会科学方法，而不能将思想政治教育现象仅仅局限于个人的思想层面；思想政治教育活动具有科学性的特点，思想政治教育学科具有很强的理论性，但归根到底是一门应用学科，是整个马克思主义理论学科的落脚点和主要应用领域，应突出思想政治教育学科的应用性。❻

也有学者指出，需要正确审视思想政治教育学科属性与思想政治教育活动属性之间的关系，思想政治教育具有阶级属性，然而作为对思想政治教育工作的经验总结和理论提升的理论体系——思想政治教育学科，是否也同时具有相应的属性，值得探讨和议论。社会实践活动所具有的属性未必就是相关学科的属性，思想政治教育学科的属性是什么，是一个值得研究的问题。❼

## 第二节　思想政治教育学科的定位

"定位"即"确定名分地位"，也就是"把事物放在适当的地位并做出某种评价"。所谓"学科定位"，指寻找和确定学科的"坐标"，就是把某个学科放到一定的学科背景中，考察它在这个体系中所占的地位，并揭示其性质和特点以及建设的意义和方向❽。从某种程度上说，学科定位问题是学科建设首要的、基本的理论问题。准确把握思想政治教育学

❶ 郑永廷. 论思想政治教育学科特点与研究前沿 [J]. 思想政治教育研究，2011 (4)：5.
❷ 苏振芳. 思想政治教育学 [M]. 北京：社会科学文献出版社，2006：19-27.
❸ 卢岚，吴尘，陈国忠. 论现代思想政治教育学学科的时代特色 [J]. 江汉论坛，2006 (8)：4.
❹ 荆兆勋. 思想政治教育的学科定位及建设思路研究 [M]. 济南：山东人民出版社，2011：11-17.
❺ 王勤. 思想政治教育学新论 [M]. 杭州：浙江大学出版社，2004：24-28.
❻ 余双好. 思想政治教育学科发展现状与发展路径的回溯与展望 [J]. 学校党建与思想教育，2012 (12)：6.
❼ 邱柏生. 关于思想政治教育学科研究的若干问题 [J]. 思想理论教育，2006 (4)：6.
❽ 张麦兰，刘建军. 关于思想政治教育学科定位的思考 [J]. 思想理论教育，2006 (9)：3.

科定位，是推进思想政治教育学科建设与发展的逻辑起点。

作为学科定位的核心内容和主要方面的学科归属问题，在思想政治教育学科设立后的 20 年里曾是学界讨论和争议颇多的话题。很多学者认为，思想政治教育是党对人民群众进行教育的学科，具有鲜明的党性和政治性，理应归属于政治学；也有不少学者认为，思想政治教育的实质还是"教育"，只不过教育的主要内容是思想政治方面的理论和知识，需要遵循教育学的基本规律，坚持教育学的基本原则，运用教育学的基本方法，因此它属于教育学的一门应用学科。前种观点突出了政治性，但在一定程度上忽略了这门学科承担的其他功能；后种观点强调理论学科的学术性，而在一定程度上忽视了思想政治教育的政治性、阶级性的特质。科学认识和准确把握思想政治教育的学科归属，既要看到它作为一门理论学科要遵循学科原则的普遍性，又要关注其宗旨和内容的特殊性，抓住事物最根本、最本质的方面❶。自 2005 年马克思主义理论一级学科设立，思想政治教育成为其所属二级学科以来，学界围绕思想政治教育学科定位在已有研究成果的基础上进一步深入探讨，取得了不少研究成果，深化了对这一问题的认识，学科定位日益明晰。

## 一、关于思想政治教育学科定位的总体认识与把握

设立马克思主义理论一级学科和所属二级学科，是巩固和加强马克思主义在思想政治教育领域指导地位的重要决策，具有重要的战略意义。思想政治教育学科是在马克思主义指导下，综合运用多门学科的理论成果，在总结思想政治教育实践经验的基础上建立起来的综合性、政治性、科学性、实践性很强的一门应用学科。要正确判定思想政治教育的这一学科定位，就必须把它放在马克思主义理论一级学科的全局中，正确认识和处理马克思主义与思想政治教育的关系，为高校服务与为社会服务的关系，马克思主义理论一、二级学科建设与高校思想政治理论课建设的关系❷。对思想政治教育学科的总体认识和把握成为研究思想政治教育学科定位的重要视角。

思想政治教育学科作为马克思主义理论一级学科所属的二级学科，它具有中国特色、中国风格、中国气派。思想政治教育覆盖我国全部领域、全体人员，发挥着引导方向、思想保证、以理服人、科学育人的功能，其学科定位及建设要坚持马克思列宁主义、毛泽东思想和中国特色社会主义理论体系的指导，坚持对实践活动、社会活动发挥先导作用，保证其根本性质与根本方向。❸

有学者认为，思想政治教育作为马克思主义理论一级学科所属的二级学科，应从其作为一种实践活动、一个二级学科、一门新兴科学、一个招生专业以及其基本理论研究如何推进等方面"五位一体"探讨其学科定位。探讨该学科定位应该解决两个方面的问题：一

---

❶ 荆兆勋.思想政治教育的学科定位及建设思路研究 [M].济南：山东人民出版社，2011：89.
❷ 张耀灿.试论思想政治教育学科的定位与建设 [J].思想理论教育导刊，2006（7）：4.
❸ 郑永廷.试论坚持思想政治教育学科建设的主导性与前沿性 [J].教学与研究，2012（2）：31-37.

是学科认识，要澄清一些认识上的困惑；二是学科清理，要解决学科建设中的一些实际问题。❶

有学者认为，思想政治教育学科是马克思主义理论学科的二级学科，这是对思想政治教育最基本的学科定位，而准确把握这一定位，还应深入理解思想政治教育学科与马克思主义理论一级学科所含其他二级学科的关系以及与相关人文社会科学学科的关系。思想政治教育学科应该在明确学科定位的同时注重学科依托，增强学科依托意识，在依托中谋发展。❷

也有学者认为，对思想政治教育学科进行定位，要将它放到马克思主义理论一级学科、哲学社会科学学科群及社会主义"三位一体"的综合视野中加以考量和审视。首先，它是马克思主义理论一级学科中必不可少的一门二级学科，不能游离于马克思主义理论的学科家园；其次，它是哲学社会科学领域众多学科中的一门独立学科，综合运用了诸多学科的理论与方法，具有综合性；最后，它担负着捍卫马克思主义在我国思想政治教育领域指导地位的学科使命，不同于一般的知识性学科，是一门兼具科学性与理论性的学科。❸还有学者主张从学科的社会定位、属性定位和功能定位"三位一体"的视角认识和把握思想政治教育的学科定位❹。

综上，学界一致认同思想政治教育学科是马克思主义理论一级学科下的二级学科的基本定位，并且从不同的角度和视域对思想政治教育学科定位的总体把握提出见解，丰富了思想政治教育学科理论。

## 二、关于思想政治教育学科与马克思主义理论一级学科及所属其他二级学科关系定位

考察和审视学科系统内部结构及诸要素之间的关系，成为学界研究思想政治教育学科定位的又一重要视角。有学者指出，马克思主义与思想政治教育之间具有不可分割的内在关联。马克思主义是思想政治教育学科的指导思想、理论基础和根本教育内容，思想政治教育学科建设不能没有马克思主义的理论指导。同样，马克思主义理论的传播、发展及其价值实现也不能没有思想政治教育，思想政治教育是马克思主义价值实现的必经途径，是马克思主义题中的应有之义❺。

有学者强调，马克思主义理论一级学科与思想政治教育二级学科之间的关系是整体与部分之间的关系，思想政治教育学科的发展必须依托马克思主义理论一级学科，以其为平

❶ 刘建军.思想政治教育学科建设 [J].思想理论教育，2007（7）：9.
❷ 沈壮海.推进思想政治教育学科建设的思考 [J].思想理论教育，2006（6）：4.
❸ 白显良.论思想政治教育学科的科学定位——兼论思想政治教育的学科建设 [J].思想理论教育，2007（3）.
❹ 代玉启，陈文旭.思想政治教育学科定位新探——社会、属性、功能三位一体定位分析 [J].思想政治教育研究，2009（3）：3.
❺ 白显良.论思想政治教育学科的科学定位——兼论思想政治教育的学科建设 [J].思想理论教育，2007（3）.

台；马克思主义理论一级学科的整体发展也必须在思想政治教育及马克思主义理论其他二级学科发展的基础上进行成果综合和学科整合：没有思想政治教育及其他二级学科的发展，没有对思想政治教育及其他二级学科研究成果的概括和综合，没有包括思想政治教育在内的马克思主义理论各二级学科之间的交叉与融合，马克思主义理论学科不可能获得整体发展。从这个意义上来说，要更加注重马克思主义理论一级学科内思想政治教育学科的自主发展。思想政治教育学科只有获得了独立自主的发展，才能为马克思主义理论其他二级学科的发展，乃至马克思主义理论一级学科的整体发展做出特有的贡献。❶

有学者认为，思想政治教育学科与马克思主义基本原理这门二级学科之间有着明显的区别，后者侧重于对马克思主义原理内容本身的研究，而思想政治教育学科则侧重于对马克思主义理论的传播和教育的研究，侧重于如何使人们接受马克思主义理论。思想政治教育学科与马克思主义发展史学科也有明显的区别，前者虽然包括对马克思主义理论教育历史的研究，也包括对马克思主义经典作家关于思想政治教育论述的研究，但它与把马克思主义作为一个整体来研究其发展历史和发展规律的马克思主义发展史学科明显不同。思想政治教育与马克思主义中国化研究学科也不相同，它虽然也会研究毛泽东、邓小平、江泽民等关于思想政治教育学科的论述和思想，但它与研究马克思主义中国化历程和规律的学科也有比较清楚的学科界限。思想政治教育与国外马克思主义研究学科也有明显不同。❷

有学者认为，在几个二级学科中，马克思主义基本原理、国外马克思主义研究、马克思主义发展史、马克思主义中国化研究，都分别从不同侧面对马克思主义理论进行了具体的研究，这种具体的研究是必不可少的，是进行整体研究的前提与基础，它们都从不同方面为思想政治教育提供了明确的方向指导和丰富的理论资源，而反过来，思想政治教育又为这些学科理论的进一步发展提供了广阔的实践平台，是马克思主义从理论形态走向实践形态，并得到不断发展的必由之路。❸

有学者认为，马克思主义理论学科下属的二级学科，有些偏重于理论，有些偏重于教育。但是，这并不代表几个二级学科之间存在明确的不同类型人才培养任务的分工，如果这样，马克思主义理论学科的建设便失去了它作为独立的一级学科的本义。几个二级学科，要通过各有侧重的研究，共同服务于一种人才的培养，即兼通理论与教育的人才❹。

## 三、关于思想政治教育学科与哲学社会科学其他学科关系定位

思想政治教育学作为一门综合性很强的学科，有其自身的学科特点，但作为一门学科，它不是孤立存在和发展的，而是在马克思主义理论的指导下，在辩证地借鉴与吸收其

❶ 骆郁廷. 思想政治教育学科发展的新趋势 [J]. 思想理论教育导刊，2009 (3)：4.
❷ 刘建军. 思想政治教育学科建设 [J]. 思想理论教育，2007 (7)：9.
❸ 李辽宁. 思想政治教育学科定位的社会学视角 [J]. 学校党建与思想教育，2006 (18)：3.
❹ 沈壮海. 思想政治教育学科的依托发展 [J]. 中国高等教育，2006 (18)：3.

他学科中合理的、有益的理论成果的基础上不断发展壮大，因而将思想政治教育学科放在整个哲学社会科学体系内，考察思想政治教育学科系统的外部关系，成为研究其学科定位的又一重要视角。

关于思想政治教育学与教育学的关系，有学者指出，思想政治教育学不是教育学的分支，也不是教育学学科的重复，而是一门拥有特定研究对象的独立的学科。教育学不专门研究思想政治教育，它全面地研究包括德育、智育、体育等在内的整体教育；思想政治教育学则专门研究思想政治教育，不只是研究学校的思想政治教育，还要研究全社会的思想政治教育。当然，思想政治教育学应当遵循教育学的一般原理和规律，包括应用现代教育技术手段等。[1]

关于思想政治教育学与教育学中德育的关系，有学者指出，思想政治教育学科与教育学中的德育学科尽管有密切联系，甚至在某些对象和内容上有重合，但仍存在比较明显的差别。一方面，思想政治教育学科尽管带有教育学的特点，但更多地带有政治理论学科的特点，而德育学科则运用教育学的理论与方法，更多地体现教育学自身的特点；另一方面，思想政治教育学科不仅研究道德教育的规律，研究不同类型教育活动的共同特征与规律，包括研究政治教育、法制教育、思想教育、心理教育等方面。[2]

关于思想政治教育学与政治学的关系，有学者认为，政治学是思想政治教育学确定任务和内容的重要依据之一。政治学为思想政治教育学提供确定的政治理论观点，而思想政治教育学研究把这种政治意识转变为个人意识，从而形成个人政治信仰的机制和规律。与政治学相比，思想政治教育学是一门实践性更强的科学，它的主要任务之一是研究怎样把一般的政治理论转变为特殊的个人政治信仰，把理论形态的政治思想变为实践形态的公民政治思想。[3]

关于思想政治教育学与社会学的关系，有学者认为，两者都把人的社会性这一观点作为自己的理论基础，社会学是研究整个社会，而思想政治教育学则只注重研究社会中思想政治教育这一社会政治教育现象；虽然两者都研究人，但是社会学是把人作为社会成员来研究的，把人的文化社会化过程或规律作为研究的重点，而思想政治教育学研究的重点是人的政治社会化过程或规律；两者都注重人的价值观研究，社会学注重人的社会价值观研究，而思想政治教育学注重人的政治价值观研究。[4]

关于思想政治教育学与心理学的关系，有学者认为，为了提高思想政治教育的有效性，思想政治教育学必须研究人的思想形成、发展的一般规律，研究人的心理活动规律，而心理学正好为这种研究提供了有关的理论知识和方法。思想政治教育学可以借鉴心理学

---

❶　刘新庚，文银花．关于思想政治教育学学科界定的理论思考 [J]．中南工业大学学报（社会科学版），2002（2）：5.
❷　刘建军．关于思想政治教育的学科内涵及建设的思考 [J]．思想理论教育导刊，2007（3）：5.
❸　刘新庚，文银花．关于思想政治教育学学科界定的理论思考 [J]．中南工业大学学报（社会科学版），2002（2）：5.
❹　王瑞荪，竹立家．思想政治教育学 [M]．北京：北京师范学院出版社，1989：69－70.

的有关原理,通过心理学的手段达到思想政治教育的目的❶。此外,学者们还对思想政治教育学与伦理学、美学、管理学、行为学等学科的关系进行了分析。

有学者认为,思想政治教育学科与其他人文社会科学学科的关系可以根据密切程度分为三类:

一是相邻关系,主要指与马克思主义理论一级学科中其他二级学科的关系。这一关系非常密切,有些内容甚至会有交叉。

二是依托关系,主要是指与伦理学、政治学、教育学、心理学等学科的关系,这些学科是思想政治教育的重要支撑。

三是借鉴关系,如与逻辑学、语言学等学科的关系,思想政治教育学的研究可借鉴这些学科的知识。在依托和借鉴其他学科时,必须立足思想政治教育学科自身的阵地和自身的发展,为我所用,不能喧宾夺主❷。

有学者主张以交叉学科的研究视角和理论视野观照、审视、研究思想政治教育,为思想政治教育的创新发展带来新的研究视角、新的研究方法、新的解决问题的方法手段和新的研究成果,认为这是时代发展的要求,实践创新的需要,也是学科建设的需求。思想政治教育工作者应自觉强化问题意识、开放意识和培育意识,积极研究和借鉴多学科理论和方法,拓展思想政治教育的研究视野和研究领域❸。

有学者主张思想政治教育学科建设和思想政治教育工作需要多学科建设视野,借鉴和应用哲学、经济学、统计学、历史学、社会学、政治学、教育学、文化学、管理学、心理学等学科的概念原理和研究方法,借它山之石以攻玉,同时强调不能打破思想政治教育的学科边界,突破思想政治教育的学科内涵与定位❹。有学者指出,思想政治教育学科不仅需要借鉴其他学科高水平的理论成果与学术资源,也要力争在借鉴过程中创造出本学科高水平的理论成果,但目前的研究存在"移植"多于"借鉴"的现象,对"借鉴还是移植"问题的处理与把握还不够成熟,存在很多不足❺。

## 四、关于思想政治教育学科体系及研究领域定位

《关于调整增设马克思主义理论一级学科及所属二级学科的通知》指出思想政治教育学科研究范围包括"思想政治教育的性质、规律、功能、内容、方法研究,中国共产党思想政治工作史与基本经验研究,马克思主义理论教育研究,中国化马克思主义教育研究,思想政治教育创新与发展研究,新时期世界观、人生观、价值观教育规律与特点研究,经

❶ 刘新庚,文银花.关于思想政治教育学学科界定的理论思考[J].中南工业大学学报(社会科学版),2002(2):5.
❷ 周中之.思想政治教育学科发展的若干关系研究[J].马克思主义与现实,2007(2):3.
❸ 冯刚.交叉学科视野下思想政治教育的创新发展[J].思想理论教育导刊,2011(11):5.
❹ 王树荫.思想政治教育学科边界再思考[J].思想教育研究,2013(6):2.
❺ 刘五景,金林南.借鉴还是移植:思想政治教育学科建设之思[J].探索,2012(1):5.

济全球化条件下爱国主义教育与民族精神培养研究，思想政治教育案例研究，高校学生思想政治教育与管理工作研究，大学生职业道德教育研究，未成年人思想道德建设研究，干部与群众思想政治工作研究。"

考察思想政治教育学科的研究体系及研究领域，也是学界定位思想政治教育学科的重要视角。有学者认为思想政治教育学完整的学科理论体系包括：思想政治教育基本理论研究、思想政治教育的形成和发展研究、思想政治教育方法理论研究、思想政治教育管理论研究❶。随着实践的发展和理论研究的深入，又有学者对以前的观点进行了修正并阐明原因，他们认为本学科理论体系由思想政治教育学基本理论、思想政治教育史和思想政治教育学的分支学科三部分构成❷。

有学者认为，思想政治教育学科的研究大致有四个方面：思想政治教育历史发展的研究，包括思想政治教育理论史与实践史的研究；思想政治教育基本理论的研究，包括思想政治教育理论基础的研究、思想品德的个体发生发展研究、思想政治社会发生发展研究以及基于这些方面的研究而进一步推进的思想政治教育本体论、目的论和方法论的研究；思想政治教育比较研究；思想政治教育实践及其创新与发展的研究，包括思想政治教育面临的新形势、新任务、新课题与新思路的研究，以及不同领域思想政治教育创新与发展的研究等。❸

有学者认为，对于思想政治教育学科内部结构的分析应围绕"思想政治教育"这一核心词，沿着"是什么""为什么""怎么样"和"怎么办"的逻辑展开，由此，思想政治教育学科可分为四类主干学科：

一是思想政治教育学原理，以思想政治教育的本质研究为对象，延伸学科包括思想政治教育本质论、思想政治教育主体论、思想政治教育价值论等；

二是思想政治教育哲学，以思想政治教育反思性研究为对象，延伸学科包括思想政治教育发生学、思想政治教育伦理学、思想政治教育人学等；

三是思想政治教育现象学、思想政治教育史学和比较思想政治教育学，研究对象是思想政治教育的存在形式，延伸学科包括思想政治教育史论、中国古代思想政治教育史、中国共产党思想政治教育史、国别专题和综合比较研究等；

四是思想政治教育方法学，以思想政治教育的策略和方法为研究对象，延伸学科包括思想政治教育方法论、思想政治教育评价方法论、思想政治教育预测方法论等。❹

有学者认为，思想政治教育学科体系和研究范围主要包括：思想政治教育学科基础理论研究，注重对思想政治教育原理层面有关问题的研究，致力于研究解决元问题和基本理

---

❶ 张耀灿，郑永廷，吴潜涛，等.现代思想政治教育学 [M].北京：人民出版社，2001：40.
❷ 陈万柏，张耀灿.思想政治教育学原理 [M].北京：高等教育出版社，2007：13-14.
❸ 沈壮海.推进思想政治教育学科建设的思考 [J].思想理论教育，2006 (6)：4.
❹ 李辽宁.思想政治教育学科发展的逻辑规律与内在动力 [J].思想理论教育，2010 (5)：5.

论问题，为学科提供学理支撑；思想政治教育应用研究，面向现实生活中的实际问题，着力解释和解决现实生活中的思想政治问题；思想政治教育历史研究，着重揭示思想政治教育产生发展的过程和规律，总结思想政治教育的基本经验和教训；思想政治教育比较研究，对不同国家或地区的思想政治教育进行比较研究，主要是对中、外思想政治教育的比较研究；思想政治教育现实追踪研究，主要跟踪现实生活，随时观察和研究现实生活中的思想政治教育现象，也包括对最近一定时期的思想政治教育进行比较系统的研究。❶

有学者认为，思想政治教育学科体系分为思想政治教育的理论学科、思想政治教育的应用学科和思想政治教育的方法论学科。思想政治教育的研究领域包括"人的思想和行为形成的各种因素，人的思想和行为相互联系的内在结构，以及人的思想行为的形成、变化和发展的规律性""思想政治教育的内在规律，以及开展思想政治教育应该遵循的方针、原则、方法和方式"等12个方面。❷ 也有学者认为，思想政治教育学科研究总体上分为三大领域，即思想政治教育工作、思想政治教育研究和思想政治教育研究之批评；并强调开展思想政治教育学科研究领域内的批评；不仅具有重要的理论意义，而且具有十分明显的现实意义，应当加以提倡，使之在思想政治教育学科建设中发挥积极的作用。❸ 还有学者提出了"思想政治教育学科应定位为一级学科"的构想，将学科体系和研究领域设定为：基础学科，包括思想政治教育哲学、思想政治教育方法论、思想政治教育人学等；主干学科，包括思想政治教育学原理、思想政治教育方法学、思想政治教育史学和比较思想政治教育学；分支学科，包括思想政治教育实践、思想政治教育环境学等；实践研究，包括思想政治教育案例研究、思想政治教育文献研究等。❹

## 五、关于深化思想政治教育学科内涵及定位研究的思考

思想政治教育作为一门新兴学科，建立的时间还不长，尽管广大理论工作者倾注了大量的心血，锲而不舍地努力探索，取得了令人瞩目的成绩，但对于本学科领域的许多理论问题和实践问题的研究仍需要进一步深化，思想政治教育学科内涵与定位的研究便是其中一个重要的方面。现就思想政治教育学科内涵及定位研究提出如下几点建议。

1. 充分认识思想政治教育学科内涵及定位研究对于学科建设与发展的重要意义

思想政治教育作为一项实践活动有着久远的历史，但作为一门学科，却是伴随着中国共产党领导人民进行改革与发展的实践而诞生的，是一门新兴学科。而对于一门新兴学科，深入研究学科的内涵及其定位尤为重要。学科内涵研究有利于准确把握学科的内在规定和本质属性，学科定位研究有利于准确把握学科的发展方向及建设路径。对学科内涵及

❶ 刘建军. 思想政治教育学科建设 [J]. 思想理论教育，2007（7）：9.
❷ 苏振芳. 思想政治教育的学科体系和理论体系研究 [J]. 思想教育研究，2006（7）.
❸ 钱广荣. 论思想政治教育学科研究之批评及其意义 [J]. 思想理论教育，2006（10）：3.
❹ 孙其昂. 论思想政治教育的分化与学科定位 [J]. 思想教育研究，2013（6）：7.

定位的研究，是思想政治教育学科理论研究的一项基础性工作，对于学科的建设和发展具有重要的理论意义和实践价值。经过数十年的研究和探索，我们对于思想政治教育学科内涵及定位的研究取得了大量的理论成果，在许多基本问题上已逐步形成较为一致的认识，同时还有一些重要的理论问题需要在原有研究成果的基础上进一步研究创新、深化认识。

2. 坚持以马克思主义理论为指导，深化思想政治教育学科内涵及定位研究

繁荣发展哲学社会科学必须坚持马克思主义的指导地位。马克思主义揭示了人类社会历史发展的规律，是我们认识世界、改造世界的强大理论武器。坚持以马克思列宁主义、毛泽东思想和中国特色社会主义理论体系为指导，是我国哲学社会科学沿着正确方向发展的根本保证。对于哲学社会科学大家庭中重要而特殊的一员——思想政治教育学科而言，马克思主义理论既是学科发展的指导思想，又是学科确立的理论基础，同时也是学科研究的核心内容。只有坚持以马克思主义理论，特别是党在领导人民进行建设和改革过程中形成的中国特色社会主义理论体系为指导，才能保证思想政治教育学科理论研究和实践建设的方向。对思想政治教育学科内涵及定位的研究，也只有坚持马克思主义指导思想，汲取马克思主义的理论养分，紧密围绕实践主题，不断突出时代特色，才能科学全面地认识学科的本质、准确清晰地把握学科的定位。

3. 坚守思想政治教育学科边界，综合借鉴哲学社会科学其他学科的研究成果

作为相对独立学科形态的思想政治教育只有几十年的时间，但作为理论形态的思想政治教育早就以融合于其他众多哲学社会学科的方式而存在。思想政治教育作为一门综合性很强的学科，有其自身的学科特点，它以马克思主义基本原理为理论基础，同时又以政治学、教育学、伦理学、心理学、社会学、管理学、法学、人才学、系统科学、行为科学等众多学科为主要知识借鉴。准确把握思想政治教育学科内涵和学科定位，深入推进思想政治教育理论研究，必须在马克思主义理论的指导下，辩证地借鉴与吸收其他学科中合理的、有益的理论成果。在对待和处理思想政治教育与哲学社会科学其他众多学科的关系上，既不能封闭保守、自我孤立，又不能含混边界、自我迷失，既不能盲目照搬、移花接木，更不能喧宾夺主、失却品性，必须立足于思想政治教育学科自身的阵地和自身的发展，充分借鉴其他学科的研究视角、研究方法和研究成果，为我所化、为我所用、为我服务。

# 第二章 高校思想政治教育学科的本质讨论

## 第一节 高校思想政治教育本质讨论的代表性观点

### 一、"价值引导论"

这种观点认为，思想政治教育是一种价值建构和价值教育实践活动，其本质是价值性。持这种观点的研究者认为，产生和推动思想政治教育发展的内在矛盾是社会价值体系与个体价值观之间的矛盾，因而，思想政治教育本质上是一种价值建构、价值教育和传播实践活动。谢宏忠认为，现代思想政治教育本质上是一种价值引导活动。张正瑞认为，人是按照人所希望世界成为的样子去改造世界，而不是按照世界的本来面目去适应世界。尽管改造的结果常常不尽如人意，但改造的动力是为了迎合目的。从这个意义上讲，思想政治教育这种精神生产实践是一种理想价值的构建，思想政治教育的这种本质也就是这种理想的价值观教育。侯丹娟认为，思想政治教育的本质是价值观教育，它是一定阶级、政党或集团用社会价值体系对社会成员施加一定影响，从而促使他们形成符合该社会价值体系要求的个体价值观的实践活动。综上所述，思想政治教育的本质应界定为人类以满足自身和社会需求为目的，以价值审视、价值选择为内容，以构建理想价值为目标的精神生产实践活动。

### 二、"超越论"

这种观点认为，思想政治教育有为社会、为阶级服务的一面，也有为人的发展服务的一面，但从根本上说是为人的全面发展服务，并将培养人的全面发展看作思想政治教育本质的回归。思想政治教育的超越性，就是其面向未来的发展性及对社会实践活动和人的行为的先导性。思想政治教育的目的性、实践性，内在地包含着思想政治教育的超越性。思想政治教育的本质就是要使人们的思想认识超越现有水平。同时，思想政治教育不只是解决现有的思想矛盾和已经发生的问题，更重要的是要把人们在思想政治方面的长处、优势和积极因素充分发挥出来，引导、提升到更高程度，并尽可能有效预防可能发生的问题，这就是由思想政治教育的超越性所要求的主动性、预防性。

郦平认为，思想政治教育应以自己特有的方式，紧密围绕培养全面发展的人这一根本任务，将自身固有的能促进学生全面发展的功能充分发挥出来，以精神关怀为出发点，并使其作为思想政治教育本质的回归。

张艳新认为，思想政治教育的问题从根本上讲是人的问题，现代思想政治教育是一种促进人自身全面发展的、具有超越性的独立实践活动。

李合亮认为，作为一种教育活动或教育形式，思想政治教育本质自然体现、内含教育的本质，但思想政治教育毕竟是一种独特的教育活动，有其自身的特性。探讨思想政治教育的本质，既应该看到思想政治教育为阶级、为社会服务的一面，也应该看到它作为一种教育活动有其"建设人自身"的根本属性。而"建设人自身"，正是思想政治教育超越性本质的体现。

## 三、"人的社会化论"

这种观点认为，思想政治教育的本质是人的社会化，是将一个不适应或不完全适应社会发展需要的人，培养成为能够适应一定社会发展需要的合格社会成员。

正如陈秉公所认为的，思想政治教育的本质"是人的思想品德和心理素质的社会化，是将一个不适应，或不完全适应社会发展需要的人，培养成为能够适应一定社会发展需要的合格社会成员。"并提出三点论证："第一，从思想政治教育过程的基本矛盾看……思想政治教育过程的特殊矛盾就是它的基本矛盾，即社会发展需要的思想品德和心理素质与受教育者现有水平的矛盾。思想政治教育的全部任务都在于解决这个矛盾……这项工作本质正是人的社会化。""第二，从马克思关于人的本质的论述看……思想政治教育塑造人的本质，就是在促进人的社会化；思想政治教育塑造人的本质的过程，就是实现人的社会化的过程。""第三，从思想政治教育的职能和内容看……塑造人格的实质是培养社会发展所需要的人。这个根本性社会职能的本质就是人的社会化"。

陈百君认为，一定阶级通过思想政治教育向社会成员传递本阶级的政治观念、道德意识和行为规范，目的在于使社会成员能够成为本阶级所需要的人。因此，思想政治教育从本质上可以说是社会成员逐步实现社会要求的过程。

高珊也认为，思想政治教育，本质而言是以促进受教育者政治社会化为主要目的的社会实践活动……无论过去、现在和将来，也无论本土和异国，都曾经是，而且必将永远是思想政治教育这一特殊存在现象的永恒主题和发展主线，是思想政治教育永恒追求的目标。

## 四、"社会治理论"

这种观点认为，思想政治教育的本质是一种特殊的社会治理活动，是一种社会管理机制或组织监管策略。

王学俭认为，思想政治教育本质必定是一种特殊的治理活动。它应当是人类进入阶级社会以后，特定社会共同体（诸如阶级、政党、集团、群体）所开展的有目的性、有计划性、有组织性的特殊治理活动——对属于国家统治地位的共同体而言，它是一种政治统治或社会管理的机制；对处在非统治地位的共同体而言，它是一种政治运作或组织监管的策略。这样的治理活动以相应共同体在一系列特殊的情境因素和条件状况中所认同并选择的上层建筑为基本依据，它通过转化或调控特定个体成员的思想意识、价值信念并且训导或形塑特定个体成员的人格心理、行为表现而贯彻实施并履行实现的。他还认为，思想政治教育本质是"立体"的，可以划分为四个质级。这就是，第一个质级是对共同体成员对象的引导和塑造。第二个质级是对共同体上层建筑的确证和维系。第三个质级是对共同体运行秩序的规约和整合。第四个质级是对社会发展状况的干预和调控。

也有人认为，思想政治教育的本质是训导，是思想管理，思想政治教育本质的核心是思想管理的软控性。王皓认为，思想管理的本质是对思想外化的软控；思想教育的本质是训导，即对思想内化的定向性影响；掌控性和训导性是思想政治教育的本质属性，并指出思想政治教育的本质就是思想管理，思想政治教育本质的核心是思想管理的软控性。他还认为，思想管理的本质就是对思想外化的软控。因为软控是指人们通过彼此间直接或间接的思想交往发生作用，以协调、控制和监督人们的思想；它与以暴力、外在强制力为本质属性的硬控性或强制性相对应，主要诉诸沟通、引导、说服、激励、控制和监督等方式、途径，进行思想教育、思想武装和理论指导；或顺于民心、合乎民意、引导时代发展潮流，从而得到人们的同情、理解、支持和信赖；或违抗民心、逆时代发展潮流而动，从而失去人们的认同、拥护、支撑和忍耐。

## 五、"二重本质论"

这种观点认为，思想政治教育的本质不是一重的，而是二重的，是二重本质的对立统一。例如，人性与党性、目的性与工具性、政治性与非政治性的统一等。

刘军、汪玉峰认为，思想政治教育的本质是党性和人性的有机统一，思想政治教育的党性是指阶级性和政治性。党性是阶级性的集中体现，是阶级斗争发展到高层次的产物。自其诞生的那一天起，思想政治教育就是党的工作的一个重要组成部分，是为党的政治任务服务的，它自然具有很强的党性。思想政治教育的"人性"是指以人为本，反映和满足人的需要，提升人的精神境界，促进人的全面发展。人性与党性在思想政治教育中的关系表现为：人性是思想政治教育的基础和前提，人性伴随着个体成长过程的始终，人性决定党性；党性离不开人性，党性能够提升人性。从思想政治教育价值目标的角度来看，人性与党性最终都在于人的精神的培养和提升，思想政治教育的本质是党性和人性的有机统一。

李合亮认为，政治维护与思想建构都是思想政治教育的本性，虽然有时可能会因条件、任务的变化二者表现出不同的强势，但相对而言，政治维护具有工具性，思想建构具有目的性，两者的有机统一共同形成了思想政治教育的整体与本质。

陈志华认为，思想政治教育的本质属性在于政治性与科学性的有机统一。政治性贯穿思想政治教育始终，决定着思想政治教育的性质面貌，科学性是思想政治教育发展的内在规定性。任何离开科学性的思想政治教育必然反映着占统治地位的剥削阶级的政治意志，具有极大的欺骗性，而任何离开政治性的思想政治教育企图追求人类"共有价值观的教育"只会使我方主动丧失思想政治教育的主导地位，却正好满足资产阶级政治文化传播的需要。

王秀阁认为，思想政治教育的本质是以正确分析和把握社会要求与个人思想品德差距为基础，在实践的过程中，通过不断完善社会要求和个人思想品德，实现个人与社会的良性互动和有机统一。也有学者认为，思想政治教育的本质是价值性与科学性的辩证统一、政治性与管理性的辩证统一等。

## 六、"多重本质论"

这种观点认为，思想政治教育是一种具有多种属性、多重因素的特殊实践活动，因此，具有多重本质或多重本质属性。

郑永廷认为，我们可以对思想政治教育的性质作如下概括：思想政治教育是一种有目的性、具有超越性的实践活动。这种实践活动随着社会的发展和人们的主体性的增强，其作用越来越重要。思想政治教育在社会生活中，是一种多属性、多因素的特殊活动。

秦在东、方爱清认为：思想政治教育的本质特征是以实践为基础的政治性、思想性、科学性和教育性的统一，突出政治性、体现思想性、把握科学性、彰显教育性是现代思想政治教育给我们提出的时代要求。思想政治教育在充分运用和把握科学性的基础上，通过突出政治性保证人们对我国思想政治的认同，通过体现思想性实现个人、群体、社会与国家意志的思想统一，通过彰显教育性完成人们必要的政治社会化、道德社会化和培育健全的人格，通过实践基础上的政治性、思想性、科学性、教育性的统一，为整个同家、社会的正常运转与发展提供智力支持、思想保证与精神引导，从而实现社会管理的良性运行和协调发展。

李辽宁认为，思想政治教育的本质不是单一的，而是多维度立体的。研究思想政治教育的本质，可以从政治维度、伦理维度、社会维度和个体维度等进行综合考察。这既是思想政治教育本质的逻辑展开，也是提高思想政治教育的现实需要。多维立体说认为对于思想政治教育的本质不能只从一个方面来认识，而是需要从多维视角来解读，认为思想政治教育具有阶级性、服务性、工具性、启蒙性的本质属性，从这四个维度对思想政治教育的本质进行解读是基于这样的认识：本质具有历史性，它不是固定不变的；本质是多维立体的而不是单维的。

### 七、"相对本质论"

这种观点认为，思想政治教育无一般本质，只有相对本质。思想政治教育本质是相对的、变化的。

张艳新、程爱华认为，人的本质是随着实践的变化而不断变化的，人的本质的不断变化必然导致思想政治教育本质的变化，关于思想政治教育的本质强调这样三点：

第一，思想政治教育的本质不是永恒的、静态的，而是历史发展的、不断生成的。不存在亘古不变、绝对同一的思想政治教育本质，我们只能寻求一个相对稳定时期的那个思想政治教育的本质。第二，思想政治教育的本质是以客观事实为基础的，它重点回答"思想政治教育应该是什么"的问题。对本质的判断应着眼于它对实践问题的解决适合与否，而不只是用不同的方式来解释和考证。第三，思想政治教育应该是什么，这是一个仁者见仁、智者见智的问题。哪一种认识更应该、更可取，最终取决于它对实践的作用，而实践的发展是具体的、历史的，从这个意义上讲，思想政治教育的本质不是"一"，而是"多"。因而，要考察思想政治教育的本质，就需要从思想政治教育活动与思想政治教育主客体即人的发展之间的内在特殊关系上来探究，不仅要科学回答"思想政治教育是什么"的问题，还要理性地回答"思想政治教育应该是什么"的问题，从而实现思想政治教育合规律性与合目的性的辩证统一。其中，"思想政治教育是什么"的探究是前提和基础，"思想政治教育应该是什么"的探究是重点和目的。

## 第二节　深化高校思想政治教育本质研究的思考与探索

由于思想政治教育的本质问题在整个思想政治教育理论大厦中的基础性作用，学界普遍认为是当前思想政治教育学科建设、理论建构亟须解决的重点难点问题之一。因此，诸多学者都在思考和探索如何进一步深化思想政治教育本质研究的问题。

### 一、深化思想政治教育本质研究，首先要解决认识思路的问题

深化思想政治教育的本质研究已经成为推进学科发展的内在要求，大家都认识到准确界定思想政治教育本质是思想政治教育学的立论之本，有利于在学科建设中坚持正确的导

向，避免认识上的混乱，推进思想政治教育学科科学发展。然而，只有沿着正确的认识思路才有可能找到思想政治教育的真正本质。

**（一）必须对"本质""思想政治教育"和"思想政治教育本质"进行科学区分**

有学者提出，"本质"的内涵是首要的前提。对思想政治教育本质的认识分歧往往是由于对"本质"的不同理解及其相应运用，因而需要首先清楚地理解"本质"的内在含义。

其次，"思想政治教育"的界定是必要的铺垫。如果不对"思想政治教育"作出明确界定，那么在探析思想政治教育本质的时候就会给人的认识造成"捉摸不定"的混乱。

最后，"思想政治教育本质"的概念是重要的基础。既然要解答思想政治教育本质的具体要义，那么就无可辩驳地应将考究视角的选择和探索思维的推理与"思想政治教育本质"这一专业术语紧密地联系起来。

**（二）要科学把握思想政治教育本质认知的逻辑起点**

有学者提出，人们对思想政治教育本质认知的逻辑起点，大致可分为以下三类：

一是将人作为思想政治教育本质研究的逻辑起点，这种观点将人的现实需要、人的成长与全面发展作为研究本质问题的出发点。

二是将国家或统治阶级作为本质研究的逻辑起点，这种观点将符合社会发展需求和统治阶级统治作为研究本质问题的出发点。

三是将思想和行为作为思想政治教育的逻辑起点，这种观点以人的思想活动的表现关系作为本质研究的出发点。

由于逻辑起点是事物研究最原始、最基本的范畴，因此就单一事物本质的研究而言，逻辑起点也应是唯一的。前两种观点将"人"和"国家或统治阶级"作为本质的认知起点，虽然都是具有思想政治教育领域特点的最大抽象规定，但单纯将"人"或"国家或统治阶级"作为逻辑起点，都不能满足"具有对象领域全部矛盾的抽象规定"的要求，即它们都无法涵盖思想政治教育领域内的一切矛盾。思想政治教育不但具有贯彻主流思想观念的政治功能，还具有培养公民道德和健全人格的人文功能。因此，单纯将"人"或"国家或统治阶级"作为逻辑起点，都无法全面、完整地揭示思想政治教育的本质。

有研究者主张将"思想与行为"作为思想政治教育的逻辑起点，尽管它包含了思想政治教育领域的重要矛盾范畴，但不是全部矛盾的"胚芽"。思想政治教育过程包含很多矛盾，如思想与行为、教育者与受教育者、教育与管理、内化与外化、个人与社会等，"思想与行为"作为众多矛盾中的一项基本范畴，它既无法涵盖其他范畴所代表的特殊矛盾，也不能成为思想政治教育本质认知的逻辑起点。由此，有人认为，"价值"作为思想政治教育领域"最原始的基本关系"，应成为思想政治教育本质认知的逻辑起点。其理由是：

第一，"价值"是思想政治教育领域中最基础、最普遍、最抽象的范畴。

第二，"价值"是具有思想政治教育领域特点的规定。

第三，"价值"是思想政治教育发展的基本矛盾的集中体现。因此，我们必须以"价值"为认知起点来揭示思想政治教育的本质。

## 二、要科学认识和把握思想政治教育本质，必须正确区分三种本质观

关于事物是否有本质，学界主要持三种观点：

一是本质主义。本质主义相信任何事物都存在一个深藏着的唯一本质，并把人类认识，特别是现代以来所谓科学认识的任务规定为透过现象揭示事物的唯一本质，认为事物的唯一本质不能通过直观或自然观察来把握，只有通过概念的思辨或经验的证实才能把握，而一旦揭示了事物的本质，就把握或占有了真理。

二是反本质主义。反本质主义批判了本质主义对于事物本质的信念或假定，认为本质概念是微不足道的，或者我们永远不能阐明一事物的哪些性质是本质的或偶有的。

三是马克思主义本质观。对于本质的存在形态，马克思主义认为事物的本质并不是一成不变的，而是随着事物主要矛盾的变化，逐渐完成量变向质变的转化。当事物质的规定性发生了变化，事物的本质也就发生了改变，这一过程是不断发展的。

从本质主义的立场和观点出发，思想政治教育本质是客观存在并且是唯一的、永恒不变的。这种机械的观点无疑会使思想政治教育本质研究陷入僵化、绝对、片面的误区。从反本质主义的立场和观点出发，思想政治教育本质乃至一切事物的本质都是"不存在"或"无意义"的，这将使思想政治教育本质这一重大理论问题变为一个伪命题，把人们对思想政治教育的认知引向"怀疑主义"和"不可知论"。可见这两种观点都无法真正破解思想政治教育本质问题。

按照马克思主义本质观，思想政治教育本质是思想政治教育活动内部具有的稳定而普遍的根本性质，它不但客观存在，并且作为根本依据贯穿在思想政治教育产生和发展的历史进程之中。但思想政治教育本质绝不是唯一的、一成不变的，而是多层多维并不断变化发展的。

## 三、深化思想政治教育本质研究，必须坚持科学的方法论指导

从思想政治教育的实践运行来考虑。思想政治教育是一项现实的社会实践活动，具有很强的现实性、社会性和政治性。深化思想政治教育本质研究，必须坚持马克思主义的基本立场与方法，科学运用多种思维方式，积极化解理论困扰，克服研究中出现的一些错误倾向。

### （一）深化思想政治教育本质研究，必须综合运用多种思维方式

一是"主体性思维方式"。思想政治教育是一项根植于人类社会之上，由人主导并参与其中的社会实践活动，对思想政治教育本质的认识无法离开现实的、具体的、实践的

人。而马克思主义实践本质论作为一种主体性思维方式，为思想政治教育本质认知提供了主体性依据。

二是"多向的思维方式"。思想政治教育是一项处于复杂社会关系中的特殊实践活动，其自身也具有多个层次维度。因此，对思想政治教育本质应从关系性思维进行把握。马克思主义实践本体论将人与世界、主观与客观的相互关系看成是多面的、多维的、多元的，这种多向的思维方式为思想政治教育本质认知提供了现实基础。

三是"变革的思维方式"。思想政治教育是一项产生于社会实践、面对现实、立足需要、不断解决社会问题的教育活动。思想政治教育本质认知也要根据历史发展和时代需求，将"是什么"与"怎么做"结合起来，不仅要形成对本质的科学认识，更要以其推动思想政治教育的实践变革和科学发展。而马克思主义实践本体论将本体论指向了现实世界，这种变革的思维方式为思想政治教育的认知提供了不竭的精神动力。

### （二）要克服研究过程中存在的两点不足

学界对思想政治教育本质的回答方式多种多样，有的是用"定义"来阐释，有的是用"属性"来描述，有的是用"功能"来说明。但总体上仍有以下两点不足：

一是把社会要求静态化、理想化。目前学界在概述思想政治教育本质时，都认为思想政治教育开展的前提是存在社会所要求的思想观念、政治观点、道德规范。这是普遍承认的也是正确的。但仔细推敲起来，却很难说是准确的，这一点正是导致思想政治教育本质出现社会本位和个人本位分歧的根源之一。它以两个并非充分的假定作为前提：第一，把社会要求看成即成的、不变的；第二，把社会要求看成最理想、最正确的。事实上，社会要求和个人的道德品质都是在实践中不断生成和发展的。而如今的思想政治教育本质说只是因为社会要求在一定时期内相对稳定，就忽略社会要求的生成性。

二是割裂了社会与个人的关系。思想政治教育本质出现"社会本位说"和"个人本位说"，正是因为割裂了社会和个人之间的联系，把个人和社会二重化的结果。虽然有学者已提出了思想政治教育本质应该是社会和个人的统一，但他们的思维逻辑仍然把社会和个人割裂开了。事实表明，思想政治教育本质既不是从人出发，也不是从社会出发，既不是单纯为了社会，也不是单纯为了个人，更不是从社会出发附带考虑个人或者从个人出发附带考虑社会。

### （三）科学把握思想政治教育本质研究中的若干重要关系

近年来，众多学者就思想政治教育本质问题进行了深入探讨，形成了丰富的理论成果。但总的来说，由于思维方式、研究向度、研究方法不同，导致人们对思想政治教育本质的认识常常出现分歧。应该解决这些分歧，需要在加强学术交流、争鸣的过程中，处理好一些重要的关系问题，从而促进思想政治教育本质研究的深化。

一是正确认识阶级性与科学性的关系。思想政治教育政治性的实质是阶级性。这从根本上规定了思想政治教育的价值取向。这是政治关系在思想政治教育中的体现。

二是科学把握一元性与多样性的关系。思想政治教育的政治本质只有一个，即为统治阶级的根本利益服务，这是思想政治教育政治本质的一元性。同时思想政治教育的本质又具有多样性的特点。原因在于，思想政治教育是一个系统，它有多个侧面，有多个层次，在具体形式方面是十分丰富多样的。

三是科学把握不变性与变动性的关系。政治是社会的一部分，它是长期不变的，但政治的内涵、形式、作用范围等在不同的社会条件下会有变化。由于社会发展及其政治的上述特点，"政治性"同样仍然是新形势下思想政治教育的本质，但其内涵、形式、作用范围等有了新的变化。

四是科学把握思想政治教育本质与思想政治教育现象的关系。我们既要防止误把一些思想政治教育现象当作思想政治教育本质，特别是以思想政治教育假象冲击思想政治教育的真正本质，也要防止把思想政治教育本质降低为思想政治教育现象，而忽视或淡化思想政治教育本质。

五是科学把握思想政治教育本质属性与思想政治教育一般属性的关系。思想政治教育的本质属性是思想政治教育属性中规定着思想政治教育性质和发展方向的根本属性。这个根本属性就是阶级性，它规定着思想政治教育的根本性质和方向，是思想政治教育的主导属性。而社会性或非意识形态性虽然也是思想政治教育的属性，但不是本质属性，它受本质属性的影响和制约。

六是科学把握思想政治教育本质规定与思想政治教育时代要求的关系。思想政治教育的本质是随着社会客观条件的变化而发展变化的。从思想政治教育本质的角度讲，开发人力资源（主要是非智力资源）、推进人的精神生活和思想道德的全面发展、促进人的和谐发展等内容理应成为现代思想政治教育的本质。

# 第三章　高校思想政治教育的价值与功能理论

## 第一节　高校思想政治教育的价值理论

### 一、思想政治教育是中国共产党的真正优势

思想政治教育是伴随着国际共产主义运动的发生、发展，伴随着无产阶级政党的创立逐步形成和发展起来的，是马克思主义与工人运动相结合的产物。以马克思主义为指导的思想政治教育一产生，就成为无产阶级及其政党动员、组织人民群众推翻剥削制度，建立社会主义社会的有力武器。一百多年来的国际共产主义运动的实践证明，正是因为无产阶级政党充分运用了思想政治教育这个有力武器，社会主义才由理论变为现实，社会主义革命才能由一国胜利到多国胜利。而如果忽视、削弱甚至取消以马克思主义为指导的思想政治教育，国际共产主义运动必然会遭受挫折。

中国社会主义革命是国际共产主义运动的一个组成部分。中国社会主义革命和建设的实践说明，以马克思主义为指导的思想政治教育是中国共产党的传家宝，它在党的事业中居于极其重要的地位，是党的工作的一条重要战线，发挥着巨大的作用。中国共产党自1921年成立之日起，就十分重视思想政治教育。中国共产党和中国革命的发展壮大，可以说与思想政治教育密不可分。没有思想政治教育对马克思主义的传播，中国的工人运动就难以发展；没有马克思列宁主义与中国工人运动的结合，就不会产生中国共产党。在我们这样一个农民占人口绝大多数的国家里，能够把党建设成为一个坚强的、富有战斗力的政治集团，就在于党特别重视通过思想政治教育向党员及群众传播马克思列宁主义，着重从思想上建党，经常注意以无产阶级的思想来改造和克服各种非无产阶级思想，并把思想政治教育作为团结全党和全国人民完成各项任务的中心环节。中华人民共和国成立后，在社会主义建设实践中，思想政治教育又有了新的发展。通过理论教育、学习英雄模范人物和群体等多种形式的思想政治教育，人民群众的思想道德素质普遍得到提高，建设社会主

义的积极性得到充分发挥，人际关系和谐，社会风气清正。所有这些，极大地促进了社会主义建设事业的发展。进入社会主义现代化建设的新时期，党中央进一步加强了对思想政治教育的领导，颁发了多个有关思想政治教育和精神文明建设的文件，促使思想政治教育向高水平发展。新时期的思想政治教育在提高人们的思想道德素质、引领人们与时俱进、调动人们参加现代化建设的积极性，保证改革开放和社会主义和谐社会建设的顺利进行等方面，都发挥了不可替代的重要作用。

由此可见，中国革命之所以能够在极其艰难困苦的条件下战胜强大的敌人取得胜利，中国特色的社会主义之所以能够克服困难排除障碍不断发展，取得令世人瞩目的巨大成就，除了党的坚强领导和党的路线、方针、政策的正确外，强有力的思想政治教育也是不可或缺的重要因素。思想政治教育是中国共产党的政治优势和优良传统。始终不渝地对党员干部和广大群众进行思想政治教育，是中国共产党党建工作和群众工作的一大特色，在任何时候都必须坚持，在现阶段更不能松懈。在建设社会主义市场经济和和谐社会的新时期，我们必须牢牢把握以马克思主义为指导的思想政治教育这个传家宝，继承和发扬党的思想政治教育的优良传统，以保证我国社会主义现代化建设不断向前发展。

## 二、思想政治教育为社会经济基础所决定又为其服务

思想政治教育作为客观存在的一种社会活动，并不是孤立存在的，它与整个社会以及社会生活的各个领域有着紧密的内在联系。因此，只有将思想政治教育置于一定的社会结构中加以考察，才能科学地认识思想政治教育的地位。

任何社会都是一个完整的统一体。马克思主义站在人类历史发展的高度，以人的社会实践为基础，深刻地揭示了社会系统的宏观结构，科学地说明了生产力与生产关系、经济基础与上层建筑、社会存在与社会意识之间的辩证关系。马克思主义认为，人类社会是由生产力、生产关系（经济基础）和上层建筑所构成的，其中，生产力决定生产关系，经济基础决定上层建筑；而生产关系对生产力、上层建筑对经济基础又具有反作用。在这个结构体系中，思想政治教育占有一个什么位置呢？简单地说，思想政治教育是社会上层建筑的有机组成部分，是经济基础以及上层建筑其他部分的反映，为经济基础和上层建筑的其他部分所决定；同时，又反作用于经济基础和上层建筑的其他部分，为其服务。与社会结构的其他部分相比，思想政治教育直接作用于人的思想道德素养，这样一个功能性的地位是社会结构的其他部分无法取代的。

生产力是整个社会系统结构中的一个决定性因素，而在生产力诸要素中，人是能动的、主导的因素。也就是说，人是有思想动机、有主体能动性的，这是生产力具有最革命、最积极特征的依据。思想政治教育就要努力培养人们良好的思想动机，促使人们积极参加社会主义现代化，促进我国生产力获得更大的发展。

生产关系反映的是人们在生产实践中的相互关系。在迄今为止的社会里，每一社会形

态中的生产关系都不是单一的，社会形态的性质是由占主导地位的生产关系决定的。一般说来，有什么样的生产关系，就有什么样性质的思想政治教育；而不同性质的思想政治教育，总是为一定的生产关系服务的。阶级社会的历史发展表明，统治阶级总是竭力用代表本阶级利益和意志的思想体系来教化人民，以便巩固本阶级的统治地位。在阶级社会里，思想观念具有鲜明的阶级性。作为传播社会主导思想观念重要手段的思想政治教育当然也具有阶级性，思想政治教育要为占主导地位的生产关系服务，当然就必须以与之相适应的主导思想观念为主要内容。就我国而言，在国际国内环境极其复杂的今天，思想政治教育无疑应该旗帜鲜明地坚持以马克思主义为指导的社会主义思想观念教育人民，为社会主义生产关系的巩固和发展服务。这是由思想政治教育的地位所决定的，也是思想政治教育的历史责任。

## 三、思想政治教育是社会主义精神文明建设的中心环节

以马克思主义为指导的社会主义精神文明是社会主义社会的重要特征，是社会主义制度优越性的重要体现。《中共中央关于社会主义精神文明建设指导方针的决议》把社会主义精神文明建设的内容概括为教育科学文化建设和思想道德建设两个方面，并指出这两方面内容是互相渗透和互相促进的。由此可见，精神文明虽然以物质文明为基础，但它又有自己独立的结构体系，是由教育科学文化和思想道德两大内容要素组成的统一体。随着人类社会的不断发展，精神文明的内容将越来越丰富，相对独立性将越来越强。这不仅表现在它同物质文明系统相互交换能量的过程中，具有能动的反作用，而且表现在它一经形成，其发展、变化便具有了自身的继承性，且其内部诸因素之间呈现相互渗透、相互作用、相互促进、相互制约的态势，而思想政治教育则处于社会主义精神文明建设的中心环节地位。

教育科学文化建设指的是教育、科学、文学艺术、新闻出版、广播影视、卫生、体育、文物、图书馆、博物馆等各项文化事业的发展和人民群众科学文化知识水平的提高。教育科学文化既是物质文明建设的重要条件，也是提高人民群众思想道德水平的重要条件。精神文明建设的实践表明，教育科学文化建设离不开一定的思想指导，必须保持与主导思想观念相一致的政治方向。由于教育科学文化建设的核心问题，是培养适应社会主义现代化建设要求的"四有"新人，因而文化建设的方方面面最终都必须围绕着人来展开。教育有一个培养什么人的问题，科学和文学艺术有一个为什么人服务的问题，新闻出版、广播电视网络等有一个如何引导人的问题。而培养"四有"新人是思想政治教育的根本任务，因此，社会主义教育科学文化建设内在地包含着思想政治教育，离不开思想政治教育的作用。教育科学文化建设既是我国思想政治教育的重要载体，也要靠思想政治教育保障其发展方向。思想政治教育在教育科学文化建设中的重要地位由此可见一斑。

思想道德建设的主要内容，是要向全体人民传播马克思主义思想体系、共产主义理想

信念、集体主义价值观、社会主义法制观和道德观等，以培养有理想、有道德、有文化、有纪律的"四有"新人。社会主义精神文明建设的性质，是由思想道德建设的内容决定的，思想道德建设是社会主义精神文明建设的核心内容。要保证我国精神文明建设的社会主义性质，就必须坚持以马克思主义为指导，大力加强思想道德建设。而马克思主义思想必须经过强有力的思想政治教育，才能内化为人民群众的思想意识，思想道德建设的基本途径则是思想政治教育。可见，思想政治教育是思想道德建设的中心环节和基础工程。加强思想道德建设，就是要坚持向广大人民群众进行思想政治教育，大力倡导社会主义核心价值体系，帮助人们树立以马克思主义为指导的科学的世界观、人生观、价值观和建设中国特色社会主义的共同理想，形成以爱国主义为核心的民族精神和以改革创新为核心的时代精神，确立社会主义荣辱观等。由此可见，思想政治教育是思想道德建设的基础工作，是帮助人们形成良好的思想道德素质的基本途径。无论是在教育科学文化建设中，还是在思想道德建设中，思想政治教育都占有重要地位，起着重要作用。以马克思主义为指导的思想政治教育是社会主义精神文明建设的一项主导工程、基础工程，我们应该科学地把握思想政治教育在精神文明建设中的地位，充分发挥其在社会主义精神文明建设中的作用。

## 四、思想政治教育学科建设的重要意义

思想政治教育实践是党的优良传统之一，是新民主主义革命与社会主义革命和建设取得胜利的重要保障。高度重视思想政治教育的地位，积极发挥思想政治教育的作用，是我党和社会主义的优良传统和政治优势。开展思想政治教育学的研究，是社会发展的需要，也是科学发展的必然和思想政治教育科学化的迫切要求。在当前的社会主义现代化建设新时期，积极探索思想政治教育的规律，合理构建思想政治教育学的科学理论体系，加强思想政治教育学科建设，具有重要的理论意义和实践价值。

### (一) 思想政治教育学科建设的理论意义

加强思想政治教育学科建设，有助于促进思想政治教育学的体系化、规范化、科学化，搞好思想政治教育的理论建设，增强其理论性。在我国长期的社会主义革命与建设过程中，党在思想政治教育工作中积累了丰富的经验，这些经验需要不断提炼概括以形成科学的理论，以便能够在以后的思想政治实践中更好地指导实践，这需要不断推进思想政治教育的学科建设与发展。思想政治教育学作为一门新兴学科，目前还处于理论建设的初级阶段。为了使思想政治教育学这门新兴学科不断地得到充实和完善，必须根据中国的具体实际，吸收国外的好经验，对思想政治教育的研究对象、研究领域、理论基础、基本规律、基本范畴、运行机制、队伍建设、组织管理、效果检测等进行深入细致的研究和探讨，以期建立一个适合改革开放需要的、具有中国特色的思想政治教育的理论体系。

### (二) 思想政治教育学科建设的实践价值

总的来说，加强思想政治教育学科建设，有助于正确运用思想政治教育学基本原理，

科学地开展思想政治教育工作，提高思想政治教育的工作效率，增强思想政治教育的客观效果。思想政治教育学是一门以马克思主义为理论基础和指导思想的学科，它从理论的高度，运用辩证唯物主义与历史唯物主义研究思想政治教育的本质及其发展规律的一般问题，揭示思想政治教育领域中最普遍的规律，解决思想政治教育工作中带有普遍性和根本性的问题。在理论与实际相结合的过程中，注意克服思想政治教育的主观随意性和片面性，不断探索新时期思想政治教育的客观规律性，自觉地按客观规律办事。因此，加强思想政治教育学科建设，有助于我们提高对思想政治教育学的科学认识，有利于我们掌握开展思想政治教育的理论，在科学理论的指导下，提高思想政治教育的实际工作能力，以顺利地实现培养和塑造社会主义新人政治、思想、道德素质的目标。

对于中国共产党来说，加强思想政治教育学科建设，有助于更好地继承和发扬党在思想政治教育方面的优良传统。在当前非常需要对我们党在思想政治教育方面的优良传统进行科学的总结和概括，并结合改革开放的新形势、新特点，增添新内容，使之更加理论化、系统化和科学化。同时，把老一辈革命家经过几十年总结概括出来的好经验、好传统传授给年轻一代，使之更好地为改革开放服务。加强思想政治教育学科建设，有利于形成全党更加重视思想政治教育工作的局面，充分发挥党在社会生活中的政治优势。中国共产党是中国特色社会主义事业的领导核心，而思想政治教育则是实现党的领导的根本保证。加强思想政治教育学科建设，可以提高我们对思想政治教育的理性认识，自觉开展思想政治教育活动，向人民群众灌输科学的社会主义、共产主义思想体系，宣传党的奋斗目标，提高人们贯彻党的路线、方针、政策的自觉性，从而在政治生活、社会生活、经济生活、文化生活诸方面充分实现党的领导，保证各项事业的社会主义方向。

对于广大人民群众来说，加强思想政治教育学科建设，有助于人们正确认识思想政治教育的历史地位与作用，提高人们积极开展思想政治教育的自觉性，增强人们开展思想政治教育工作的能力。同时，有助于提高人们对思想政治教育的科学认识，自觉抵制各种非无产阶级思想的腐蚀，提高人们的思想觉悟和进行社会主义现代化建设的积极性和创造性。我国实行改革开放以来，西方的优秀成果被吸收进来，同时一些不良思想也渗透进来，尤其是社会主义市场经济体制建立后，人们的观念发生了一系列嬗变。社会主义市场经济的推行，给我国经济注入了活力，使人们的观念有了进步。加强思想政治教育学科建设，从理论的高度提高广大群众和干部的觉悟，从理论和实践结合两方面抵制各种腐朽现象的侵蚀，对人民群众进行马克思主义教育，帮助人们树立科学的世界观和方法论，不仅有助于人们提高思想认识和思想觉悟，而且有助于人们提高自己的马克思主义理论水平和分析问题的能力，从而自觉地抵制各种非无产阶级思想的侵蚀，坚定社会主义、共产主义信念，积极投身于社会主义现代化建设事业。

# 第二节　高校思想政治教育的功能理论

思想政治教育的地位和作用是一个问题的两个方面，它们既有区别又紧密相连，不可分割。把思想政治教育放到适当的地位，是思想政治教育发挥其作用的前提条件。一般而言，"有位"是为了"有为"，"有位"才能"有为"，"有位"要求"有为"。"有为"才能"有位"，只有思想政治教育发挥出自己应有的作用，才能体现和落实"有位"，才不会有名无实。因此，在充分认识思想政治教育重要地位的基础上，还应全面了解思想政治教育的功能。

## 一、思想政治教育功能的特点及分类

思想政治教育的功能是指思想政治教育对教育对象和社会生活所能发挥的积极的有利的作用或影响。思想政治教育的特殊性，决定其功能有如下特点。

第一，客观性。思想政治教育是人类特有的社会现象，自进入阶级社会以来，思想政治教育便是一种客观存在并伴随着人类社会的发展而发展变化，在社会生活中表现出自身的价值。思想政治教育实践的客观性决定了思想政治教育功能的客观性。思想政治教育对人的成长和社会发展的影响和作用是客观存在的，人们只能影响这种功能发挥的水平和程度，而不能无视它或人为地消灭它。思想政治教育功能的发挥还会受到一定的环境因素和物质设施等客观条件的制约，这也是思想政治教育功能客观性的一种表现。

第二，多方面性。思想政治教育功能不是单一的，而是多方面的，这是由思想政治教育对象的复杂性、教育内容和教育方法的多样性所决定的。就对教育对象的影响而言，思想政治教育的功能就各不相同，比如当教育对象不了解某种思想观念而需要向其进行灌输和说明时，思想政治教育就表现为解释功能；对于有错误思想认识和行为偏差的人，思想政治教育对其作用主要就表现为转化功能；而要做好一个心灰意冷、缺乏进取心的人的思想工作，思想政治教育就要发挥它的激励功能等。此外，时间不同，场合不同，教育的重点不同，思想政治教育所需要发挥以及所能发挥的功能也会有所不同。认识到思想政治教育功能的多方面性，对于全面发挥思想政治教育的功能，使其更好地促进人的发展和社会的发展，具有十分重要的意义。

第三，层次性。思想政治教育功能的层次性是由思想政治教育所作用的对象的层次性所决定的。思想政治教育既作用于人（包括个人和群体），也作用于政治、经济、文化等社会生活领域，因而其功能既表现为个体性功能，也表现为社会性功能。个体性功能又可分为个体生存功能、个体发展功能、个体享用功能等；社会性功能又可分为政治功能、经济功能、文化功能等。这些不同层次的功能是既有区别又有联系的，在开展思想政治教育时，要注意使其相互联系，相互补充，相互加强，从而使思想政治教育功能得到最大限度的发挥。

第四，发展性。思想政治教育的功能不是固定不变的，随着社会的发展变化，思想政治教育的功能也会不断发生变化。一方面它的某些功能会得到强化和发展，另一方面还可能出现新的功能。在社会主义市场经济建设与和谐社会建设进程中，这种情况表现得尤为突出。发展性是思想政治教育功能的重要特点，也是思想政治教育保持旺盛生命力之所在。

明确思想政治教育功能的上述特点，无疑有助于教育者更自觉地从事思想政治教育工作，也有助于更好地全面发挥思想政治教育的积极作用。

关于思想政治教育的功能，有许多不同的论述角度，由此分出的功能类别也各不相同。我们认为，总的来说，思想政治教育的功能由个体性功能和社会性功能两部分构成。所谓个体性功能，是指思想政治教育在促进受教育者全面发展方面的作用和影响，表现为个体生存功能、个体发展功能和个体享用功能。个体性功能是思想政治教育活动直接目的的表现，可以看作思想政治教育的本体功能。社会性功能是指思想政治教育对社会发展所能发挥的积极作用，具体地说，就是指思想政治教育对社会政治、经济、文化、生态环境等发生的政治功能、经济功能、文化功能和生态功能等。一般说来，个体性功能是社会性功能的基础，因为思想政治教育直接的作用就是促进人的发展，其社会性功能必须通过个体性功能的提升和外化才能实现，即思想政治教育是通过"人的发展"这个中介来影响社会生活，促进社会政治、经济和文化发展的。而思想政治教育的社会性功能又是衡量个体性功能的重要尺度，因为只有当思想政治教育在很大程度上促进了社会的全面进步，个体性功能才算是得到了很好的发挥。

## 二、思想政治教育的个体性功能

### （一）思想政治教育的个体生存功能

思想政治教育的个体生存功能是指思想政治教育在引导人类个体遵循客观规律、服从生存原则以便求得更好的生存状态的过程中所发挥的作用。马克思认为："一个种的全部特性、种的类特性就在于生命活动的性质"，判断一个种的存在方式就是看其生命活动的形式。人的生命活动不同于动物的本能活动，人是能动的社会存在物，实践是人类不同于动物的社会生命的特殊运动形式，是人类的存在方式。正是在实践过程中，人才成为一种自我创造的主体性存在。一般说来，每个人既生活在物质世界中，也生活在意义和精神世界中。首先，人与动物的生存一样，都由一定的生理构成，为了活着，为了生存下去，就必须满足基于这种生理需要的各种欲望。人如果不能作为自然生命载体而生存，意义世界就失去了现实的基础。从这方面说，活着就是一种意义。作为思想政治教育主体的"人"，其内在的尺度首先表现为人的需要，而现实的人的需要又多种多样，大致可分为生理需要（属于基本需要）和心理需要（属于高层次需要）两大类。一般说来，人的基本需要是人的高层次需要的基础，因为没有健康的生命，崇高的道德精神就没有了现实的物质前提，也就是说，对德行的追求离不开个体生命的物质需要的满足。可见，物质需要的满足既是人性的要求，也是人的全面发展的基础。马克思、恩格斯指出："我们首先应当确定一切人类生存的第一个前提，也就是一切历史的第一个前提，这个前提是：人们为了能够'创造历史'，必须能够生活。但是为了生活，首先就需要吃喝住穿以及其他一些东西。因此，第一个历史活动就是生产满足这些需要的资料，即生产物质生活本身"。就个体而言，自身的生存需要，决定了其对物质利益的追求。思想政治教育应尊重和理解人的这种追求，通过促进物质文明的极大发展，不断改善人的生活条件，提高人的生活质量，最大限度地满足人们日益增长的物质生活需要。

然而，马克思主义关于人的本质观告诉我们，人既有自然属性，又具有社会属性，人的物质需要固然十分重要，但人又具有追求精神生活充实的欲望，这是人的社会性的鲜明特征。人的社会属性决定了人是一种超越性的存在，人就是在这种超越中不断从动物性存在提升到人性存在，不断提高自己的生存质量，不断地提升人性发展的层次和境界。因此，思想政治教育对人的需要的尊重，不能仅仅停留在人的物质需求的层面上，而是应引导人们实现从功利物欲到精神境界的升华，使人们执着于崇高的精神追求。换句话说，人的意义世界绝不限于自己"活着"或是"活动物质丰富一点"，人所追求的应是比自己"活着"更有意义的意义，并用这样的意义世界去引导和规约他的物质世界。

人的生理需要满足的方式不是自发形成的，它需要通过教育才能习得。意义世界的建构，更离不开教育的作用。而真正的教育应是一种既教人以生存手段和技能，使人能很好地把握物质世界，又教人以生存的意义和价值，使人能自主建构自己的意义世界、精神世界的活动。如果只重前者而放弃后者，那么由人的知识和能力所创造的物的世界，就可能因为缺乏正确的引导和规约而给人们带来灾难和困惑，造成人类的生存危机。因而人的意义世界、精神世界的建构就是十分必要的，是人类生存的内在要求。教育是这两方面活动的协调与统一。而思想政治教育在人的意义世界的建构中承担着重要的职责，发挥着重要的作用。首先，思想政治教育有助于人的物质生活的顺利进行。思想政治教育的核心任务是要帮助人们形成科学的世界观、人生观、价值观以及道德原则和行为规范等，这些观念、原则、规范看起来似乎是约束个体的异己力量，然而正是这些异己的东西才能够使个体在社会性（即现实性）的生活中生存下去，也正是这些东西赋予个体以力量，从而使其最大限度地完成特定任务。其次，思想政治教育是人的精神生活的一种方式。在人的精神生活中，思想政治教育可以作为人的生存和发展中的一种沟通方式，这种沟通方式强调主体与自然、人与社会、人与自我之间的交流和对话，注重从人的内部精神生活来适应和认同客观外部世界。在社会生活中，人们往往追求社会和个人的功利性需要，而人特有的反思性品质会使自己不断地反思自己的生命与某种精神性世界的内在联系，并努力建立这种联系。如果一个人相信自己已经建立了这种联系，那么，他便能在情感和理性的平衡中寻找到生存和发展的意义。思想政治教育正是促使人的这种反思的重要力量，也是这种反思的重要方式。

### （二）思想政治教育的个体发展功能

思想政治教育的个体发展功能是指思想政治教育对塑造人的品德、促进人的发展所起的积极作用。马克思主义关于人的全面发展的学说是我们认识和研究思想政治教育个体发展功能的理论前提。根据马克思主义关于人的全面发展的一般规定，结合我国当前的实际和未来社会对人的素质的要求，思想政治教育应以自己特有的方式，紧紧围绕培养社会主义"四有"新人这一根本任务，将自身固有的对人的全面发展的作用充分发挥出来。具体来说，思想政治教育对人的品德的塑造和人的发展的作用体现在以下几方面。

第一，引导政治方向。就是运用启发、动员、教育等方式，把人们的思想和行为引导到符合社会发展要求的正确方向上来，这是思想政治教育的目的性、超越性本质的体现。在社会发生巨大转型、人们价值观取向多样化的新形势下，如何把人们的思想引向积极健康的方向，是当前思想政治教育理论研究和实践工作面临的一个重要课题。从思想政治教育的基本职能来看，它最重要的任务就是通过多种方式以及丰富多彩的活动，提高人们的思想政治素质和道德素质，促使人们保持坚定正确的政治方向。一般来说，发挥思想政治教育的导向作用可从如下三方面进行：一是目标导向，即规定具体的奋斗目标，引导人们向目标奋进；二是政策导向，主要是通过宣传党的路线、方针、政策来疏通引导人们的思想，以提高人们的认识，规范人们的行为；三是舆论导向，即利用赞赏、激励、批评、监督等手段，营造良好的舆论氛围，以正确的舆论调节和规范人们的思想行为，对人们形成一种强大的约束力和导向力。通过这几个方面的工作，思想政治教育就能较好地引导人们的思想朝社会要求的方向发展。

第二，约束规范行为。就是指通过思想政治教育，帮助人们理解并认同社会规范，使人们的行为符合一定的社会规范。思想政治教育通过向人们传导社会规范，通过肯定、褒奖符合社会规范的行为，否定、批评背离社会规范的行为，来实现对人的行为的约束和规范。思想政治教育的方向性和规范性是不可分割的，如果把两者割裂开来，方向性就会成为飘忽不定的想象和意愿，规范性也会成为没有一定取向的框框与条律。如果思想政治教育仅仅停留在一种抽象的思想观念上，而没有明确的规范要求，就很难把人们的思想和行为引导到正确的轨道上来，就有可能出现思想道德失范、行为越轨的情况。俗话说："不入轨的车厢不能导之以行。"思想政治教育的重要任务之一就在于使人遵循一定的社会道德规范，用以规范和约束自己的行为。一个社会如果缺乏统一的行为规范，社会生活就会处于无序的状态，社会中的人的发展就会受到损害。思想政治教育对人的行为的规范约束性是否会阻碍人的发展呢？回答是否定的，因为当思想政治教育对人的行为所具有的规范性得以正确发挥时，它本身就是对人的自由发展的一种促进。在现实生活中，人的自由发展必定是在一定社会规范的基础上进行的。思想政治教育是人掌握世界的一种方式，它使人懂得怎样正确处理人与自然、人与社会、人与人之间的关系，使这种关系更有利于人自身的发展，也更有利于周围的自然和社会的发展。由此可见，思想政治教育对人的行为规范约束的过程就是人获得自由发展的过程。思想政治教育对人的行为的规范，只要是合理的，就应当视作人自身发展的需要。

第三，激发精神动力。激励，就是激发、鼓励，即通过各种形式的外部刺激，使人们奋发向上，积极进取。思想政治教育的激励功能体现为运用多种手段，充分调动人们的积极性、主动性和创造性，为人们努力参加社会主义现代化建设提供强大的精神动力。

积极性是指人的一种自觉的、能动的心理状态，是人在行为活动过程中显示出来的主动自觉、认真负责、勇敢顽强的进取精神。人的积极性来源于人的需要，需要越强烈积极性就越高。人的需要包括物质需要和精神需要，相应地，激励也就可分为物质激励和精神激励两大类，它们对人的激励作用都是不可或缺的。忽视或否定物质利益原则，不注意发挥物质力量在推动社会主义现代化建设中的作用是错误的。马克思说过："人们奋斗所争取的一切都同他们的利益有关。"邓小平也明确指出："如果只讲牺牲精神，不讲物质利益，那就是唯心论。"因而思想政治教育要坚持物质利益规则，引导人们理性地追求经济利益。但是仅仅依靠物质激励手段，信奉"金钱万能"，忽视或否定精神力量的作用，也是极端错误的。因为人的物质需要和精神需要是相辅相成的，物质决定精神，精神对物质具有反作用，因而精神激励又是绝对不可缺少的。激发人们的社会主义积极性，既要靠合理的物质激励，又要靠有效的精神激励——思想政治教育。

思想政治教育激励人的手段和方法是多种多样的，其中主要的有：其一，民主激励，即让激励对象行使主人翁的权利，广泛参与重大问题的决策和管理，对领导者进行监督和质询，以此来调动人们的积极性。其二，榜样激励，即通过先进典型示范，以激励人们提升自己的思想品德水平，规范自己的行为。榜样教育会促进先进分子更上一层楼，同时也会触动后进分子，促使他们对照先进找差距，激励其上进心。其三，情感激励，即通过人们情感需要的满足来激发人的积极性。情感需要是人们最基本的心理需要，注意人的情感的满足，关心、理解、尊重、信任广大人民群众，公正、公平、公开地处理问题，为人民群众多办实事，是激发人们积极性的有效手段。其四，奖惩激励，即通过奖励或惩罚来激励人。通过奖励手段，可大大强化人们的合理动机和正确行为，使之发扬光大。而通过惩罚手段，则可中止人们的不良行为，并使其不合理的动机消退。在运用上述方法时，应根据不同对象、不同情况，或单独使用某种方法，或综合使用几种方法，以形成有效的激励机制，最大限度地调动人民群众的积极性。

第四，塑造个体人格。所谓人格，是指人的性格、品格及资格的总和。从心理学意义上讲，人格是人的性格、气质等特征的总和；从伦理学意义上讲，人格即人的品格，体现人在一定社会中受教育和自我修养的文明程度；从法学意义上看，人格是指人的能作为权利、义务主体的资格，它体现了人在一定社会中的地位和作用、权利和义务的统一。国际21世纪教育委员会提出21世纪人才素质的7条标准：一要有积极进取的开拓精神；二要有高尚的道德品质和对人类的责任感；三要在急剧变化的竞争中，有较强的适应能力和创新能力；四要有宽厚扎实的基础知识，有广泛联系实际、解决实际问题的能力；五要有终身学习的本领，适应科学技术综合化的发展趋势；六要有丰富多彩的健康个性；七要具有和他人协调和进行国际交往的能力。这7条标准中，非智力因素的标准占据了大部分，大都与思想政治教育所要培养的健全人格密切相关。在竞争性、开放性、速变性、复杂性日益增强的当代社会，人们只有不断树立新的思想观念，注意自觉提高自身素质，才能适应社会发展的要求。而思想政治教育的重要功能就在于塑造个体健全的品格，使社会成员形成崇高的精神境界和健康的心理品质，以满足不断发展的社会的需要。通过思想政治教育，可以更好地引导人们认识自己作为物质世界和社会历史创造者的主体地位，认识自己的历史使命和社会责任，从而唤起人们的主体意识；可以更好地帮助人们树立远大的目标和崇高的理想，正确地认识社会、认识人生、认识自己，提高人们适应和改造客观环境的能力；可以更好地帮助人们摆脱传统文化中的依附性、保守性、被动性的束缚，时刻保持一种对生活的积极参与和主动创造的精神，自强不息，百折不挠，从而充分挖掘自身的潜能，实现自身人格的完善。由此可见，思想政治教育是人自我发展和自我完善的一种特殊精神力量，在个体人格塑造中发挥着重要的作用。

需要指出的是，马克思主义关于人的全面发展的学说，不但不排斥人的个性发展，而且把人的个性发展置于十分重要的地位，将其看作社会历史演进的最重要尺度。事实上，人的个性发展与人的全面发展不是对立的，而是辩证统一的。所谓全面发展，说的是在德、智、体、美诸方面都得到发展，不出现欠缺，即个性的全面发展；而个性发展是指德、智、体、美等素质在个体身上的特殊结合，是富有个性特色的发展，而不是与他人一样的发展。因此，人的全面发展就不能不是个性的全面发展，人的全面发展过程正是个体的个性形成发展过程。然而，长期以来，不少人对马克思主义关于人的全面发展学说的理解存在着片面性，认为思想政治教育只是铸造共性，只是按社会需要的统一模式生产"标准件"，而与个性无缘，视个性为禁区，因而只是千篇一律地开展工作，这种观点和做法显然是错误的。根据马克思主义人的全面发展的学说，思想政治教育应当重视人的个性发展，致力于塑造个体人格。为此，要坚持实事求是的原则，努力做到具体问题具体分析，因人而异，鼓励人们合理地选择适合自己发展的形式，通过各种健康的渠道实现自己的人格价值。思想政治教育不仅要注意尊重和保护人的个性，而且还要有意识地为其发展创造出一种既有纪律、又有自由，既有统一意志、又有个人心情舒畅、生动活泼的适合于个性发展的良好的氛围，有意识地引导人们摆正个性发展与群体发展、社会发展的关系，划清个性发展与资产阶级个人主义的界限，从而使人们在一个更广阔的背景上理解和把握个性发展的意义和价值，提高个性发展的自觉性和主动性，促使个性获得更好的发展。只有这样，思想政治教育对于个性发展的积极塑造、培养和引导作用才会更充分地表现出来。毫无疑问，思想政治教育是个性发展的极其重要的手段和途径，而生机勃勃、健康积极的个性发展，也应当成为衡量思想政治工作成效的重要标志。

### （三）思想政治教育的个体享用功能

所谓思想政治教育的个体享用功能，是指通过思想政治教育能使每个个体实现其某种需要和愿望（主要是精神方面的），并从中体验满足、快乐和幸福，从而获得精神上的享受。在全面建设小康社会的今天，正确认识思想政治教育的这一功能有着重要的现实意义。因为小康社会既包括物质生活的"小康"，又包括精神生活的"小康"。

思想政治教育的基本任务是要提高人们的思想政治觉悟，发展和完善受教育者的道德品质。而个体思想道德品质的发展和完善具有多方面的功能。从社会的角度看，它可以使个体与他人、个体与群体、个体与社会等各种关系都得到协调发展，从而构建和谐的人际关系环境，促进社会的稳定和发展，为社会主义和谐社会建设提供必要的条件。从个体的角度看，它有助于个体各方面的发展，有助于个体精神需要得到更好的满足，从而保证个体的学习、工作、生活的顺利进行。可见，个体思想品德的发展和完善是社会发展的内在要求，是人的一种内在的精神需要，而思想政治教育正是满足这种需要的一个主要途径。

思想政治教育的个体享用功能是客观存在的，它植根于思想政治教育本质之中，是思想政治教育过程的必然效应。思想政治教育通过发展和完善人的思想道德品质，从一个方面满足人的精神需要。而人的良好思想品德是一种把握现实世界的能力，它的特点是从人的善恶观念，也就是从一种内在尺度上把握现实世界。人的良好思想品德对世界的把握不仅表现在对善恶是非的识别上，更主要的还表现为对自我、他人、社会等的致善上，即表现为道德价值世界的建构方面。人的致善活动也就是主体良好思想品德的对象化、外化活动，通过这些活动，人创造构建了一个更善的外部世界，从这个由他参与创造的外部世界中，他必然会获得幸福。马克思曾在《青年在选择职业时的考虑》一文中指出："那些为大多数人带来幸福的人，经验赞扬他们为最幸福的人"。马克思的论述告诉我们，一个没有德行的人，一个不能造福于他人的人，是根本不会懂得何为幸福的人，当然也谈不上享用这种幸福。以"助人为乐"为例，著名心理学家马斯洛从心理学的角度将这种来自"为他人增加快乐的快乐"，理解为人类所具有的认同体验（心理学上也称为移情体验），当人的这种体验达到最高峰时，可以使整个身心处于一种超越自我的境界，从中获得一种幸福的终极体验。此外，思想政治教育有助于受教育者逐渐形成高尚的人生意境，处于这种意境之中，人们就可以一种审美心态去感悟人生，从中获得审美的愉悦。

马克思主义关于人的全面发展的学说告诉我们，人的精神活动能力的多方面发展不仅包括创造精神产品的能力，而且也包括人对社会已有的精神财富的享受能力。马克思曾以音乐为例形象地指出："对象如何对他说来成为他的对象，这取决于对象的性质以及与之相适应的本质力量的性质"。"对于没有音乐感的耳朵来说，最美的音乐也毫无意义，不是对象"。这就是说，一个人如果没有节奏感，没有鉴赏音乐的能力，就无法欣赏、享用世界上一切美妙的乐曲。同样，一个人如果没有经教育培养而发展完善的道德心灵，他也就无从去体验人世间存在的一切善良和美好。只有不断发展和完善每个个体的德行，才能使他们体认与享用世界上一切美好的事物，而这正是思想政治教育个体享用功能的体现。

## 三、思想政治教育的社会性功能

### （一）思想政治教育的政治功能

思想政治教育的政治功能是指思想政治教育通过培养具备特定思想政治素质的受教育者以推动政治发展的作用。它在思想政治教育的诸种社会性功能中居于首要地位，起着主导作用，其内容涵盖传播政治意识、引导政治行为、造就政治人才、和谐政治关系等方面。一句话，它起着维护社会政治稳定、促进社会政治发展的作用。具体来讲，思想政治教育的政治功能表现为以下几方面。

第一，传导主流思想观念，调节社会精神生产。马克思、恩格斯曾经指出："统治阶级的思想在每一时代都是占统治地位的思想"。统治阶级要使自己的思想成为占统治地位的思想，就必须加强对社会成员的思想政治教育，以传导主流思想观念，调节社会的精神生产。和社会的物质生产一样，社会的精神生产也是构成社会生产的一个重要组成部分。从根本上说，精神生产服从并服务于社会物质生产。在整个精神生产领域中，政治、法律、思想、道德、艺术和哲学等社会思想观念，即思想上层建筑起着指导和决定作用。而无产阶级政党就是通过思想政治教育使马克思主义思想观念成为我们社会占主导地位的意识形态，以此统一人们的思想，整合社会的精神生产要素，从而实现对精神生产的导向和调节。具体来讲，就是要以科学的理论武装人，以正确的舆论引导人，以高尚的精神塑造人，以优秀的作品鼓舞人，支持和倡导先进而健康的精神生产和精神产品。同时，揭露和批判与马克思主义思想观念相对立的思想，限制和取缔不健康的精神生产和精神产品，从而使精神生产和精神产品直接为我国社会主义的经济基础和政治制度服务。

第二，传播主导政治意识，引导人们的政治行为，再生产社会的政治关系。思想政治教育历来被视为社会政治关系再生产的重要工具。政治关系是基于经济关系之上的诸种社会关系的集中、综合的表现，是从事一定政治活动的人们之间的内在的本质的关系。这种政治关系的再生产功能主要是通过促进受教育者尤其是青年的政治社会化，实现政治角色的认同来实现的。思想是行动的先导，政治行动需要相应的思想观念支配。思想政治教育通过传播占统治地位的政治思想、道德观念和法律规范，有助于培养人们坚定正确的政治方向，提高人们的政治判断力、鉴别力和选择力，发展其政治参与的意识，形成较高的政治素养，从而更好地参与政治生活，形成和谐的政治关系。在建设社会主义和谐社会的进程中，思想政治教育要强化其政治功能，也就是要通过各种途径，系统地对人们进行主旋律的教育，包括共产主义理想教育，社会主义、爱国主义、集体主义教育以及社会主义法制观、道德观的教育等，以培养一代"四有"新人，为社会主义民主和法制建设创造根本的条件。

第三，沟通社会信息，确保社会的有机联系，促进社会政治的稳定和发展。思想政治教育一方面要宣传社会主义思想观念和党的路线、方针、政策，并促使人们将社会主义思想观念内化，认同并贯彻执行党的路线、方针和政策；另一方面还要倾听群众的呼声，积极反馈来自群众的意见和建议，使之成为领导政治决策的依据。在纵向和横向的社会联系和交往中，思想政治教育扮演着重要的"沟通者"的角色，对于加强党和人民之间的联系、协调人际关系、化解社会矛盾、促进社会的稳定和发展、增强民族凝聚力，起着不可或缺的重要作用。当然，思想政治教育对社会政治稳定的维护，还应和社会的其他功能系统如法制建设等有机地结合起来，以形成立体的功能网络，从而达到维护社会稳定，促进政治发展的目的。

**（二）思想政治教育的经济功能**

思想政治教育的经济功能是指思想政治教育通过调动受教育者的积极性，促使其主动参与经济建设以促进经济发展的积极作用。它主要表现为提高人们从事经济建设的积极性；帮助人们掌握经济活动的行为规范，形成理性的经济行为；为经济建设营造良好的环境等方面。由于人是生产力中最关键的因素，因而，思想政治教育主要是通过影响人来实现对经济发展的推动作用的。概括地说，思想政治教育的经济功能主要表现为以下几方面。

1. 思想政治教育是经济建设坚持社会主义性质和方向的可靠保证

物质生产本身是没有阶级性的，但生产力总是同一定的生产关系相联系，经济基础总是同一定的上层建筑相联系，因而物质生产的发展也有一个方向问题。从人类文明发展史来看，任何一个社会的统治阶级，都会以自己的思想体系影响社会生产，制约经济的发展方向。今天我国的现代化建设，只能是社会主义现代化，思想政治教育的经济功能首先就表现在它要确保我国现代化建设的社会主义方向。要不要以马克思主义为指导的思想政治教育，是关系到经济工作走什么路，坚持什么方向的一个原则性问题。在经济活动领域，思想政治教育通过帮助人们牢固树立建设中国特色社会主义的共同理想，提高人们的社会主义觉悟，提高人们贯彻执行党的路线、方针、政策的自觉性，就能有效地确保我国经济建设始终沿着社会主义道路前进。

2. 思想政治教育是推动社会生产力发展的精神动力

生产力是人们解决社会同自然矛盾的实际能力，是人类协调和改造自然使其适应社会需要的客观物质力量。总的来说，构成生产力的基本要素有两个方面，即物的要素和人的要素。物的要素主要是指劳动对象和以生产工具为主的劳动资料，人的要素则是指具有一定知识、劳动技能和生产经验的劳动者，即运用劳动资料作用于劳动对象的有一定劳动能力的人，两者在物质生产过程中是结合在一起共同起作用的。在一般情况下，物的因素是生产力的基础因素，但它只有被人所掌握，只有和劳动者结合起来，才能形成现实的物质生产力，因而人的因素是生产力中起主导作用的因素，是推动物质生产力发展的决定性因素。而人的因素又包括两个基本方面：一是人的科学文化素养和劳动技能，主要是指劳动者对生产、技术等规律的认识和掌握程度以及劳动者的各种业务能力，也就是劳动者的智力因素，它直接作用于生产资料；二是人的思想道德素养和劳动积极性，主要是指人的思想觉悟、劳动态度、事业心和责任心等，也就是人的非智力因素，它通过智力因素间接作用于生产资料。这两个因素相互影响，相辅相成，密不可分。

人的科学文化素养和劳动技能是生产力发展的必要条件，也是提高人们思想道德素质和劳动积极性的重要智力条件。而人的思想道德素质和劳动积极性也是生产力发展的重要条件，是促进生产力发展和提高人的科学文化素养、劳动技能的精神动力。劳动者仅有良好的思想道德素质和较高的劳动积极性，而没有一定的科学文化素养和劳动技能，生产力是难以提高的；同样，劳动者仅有较高的科学文化素养和劳动技能，而没有良好的思想道德素质，缺乏劳动积极性和责任感，那他的科学文化知识和劳动技能也难以得到充分的发挥和运用，生产力水平也难以提高，甚至可能利用科技知识去干危害人们利益和社会进步的事情，会损害生产力的发展。

由此可见，人的思想道德素质在生产力发展中起着非常重要的作用。而思想政治教育就是提高劳动者思想道德素质的工作，就是调动人们工作积极性和主动性的工作。思想政治教育扎实有效，就能更好地提高劳动者的思想道德素质，生产力就能得到更快的发展。由此可得出结论，思想政治教育是促进生产力发展的精神动力。生产力发展实践表明，人们经由思想政治教育和社会实践具备了良好的思想道德素质和较高的工作积极性和主动性，他们就会积极学习科学文化知识，就会自觉地提高劳动技能，就会努力改进生产工具，革新工艺，采用新技术，就会不断地变革劳动组织，创造性地进行生产管理，从而大大促进生产力的发展。可见，思想政治教育虽然没有直接创造物质财富，但它通过提高劳动者的素质间接创造物质财富，是物质文明建设不可缺少的重要因素。

3. 思想政治教育是营造经济建设发展所需和谐社会环境的重要手段

物质资料的生产是人类社会生存的基础，一部人类历史就是生产发展的历史。马克思说："为要从事生产，人们便发展一定的联系和关系；只有经过这些社会的联系和关系，才会有他们对自然界的关系，才会有生产。"为了维系人们之间的这种联系和关系，并使之处于和谐的状态，除了依靠政治和法律等强制的手段以外，还需要依靠思想道德的规范和调节。通过思想政治教育，化解矛盾，协调关系，理顺情绪，以保持人与人、人与社会之间正常的稳定的联系和关系，维护个人的心理平衡，就可为经济建设营造一个较好的社会环境，促进经济建设更好更快的发展。思想政治教育营造社会环境的作用是多方面的，其手段也是多种多样的，这里着重探讨思想政治教育通过对社会生活的调节以营造良好的社会环境的情况。

大致说来，思想政治教育对社会生活的调节主要通过以下途径来实现。

第一，心理调适。从心理学的角度来说，人是自然、社会和心理三者活动的统一体，人的任何一种活动都伴随有心理现象，人的很多思想问题，也都和心理因素紧密相连。因此，对人们进行心理调适，是使包括经济活动在内的各种活动顺利进行、解决人们的思想问题、促进人的发展的必要手段。思想政治教育要善于运用心理调适的方法解决人们的思想问题，增进人们的心理健康，从而为经济建设创造良好的心理环境。

第二，人际关系调适。在现实生活中，由于人们的社会地位、实践经验、知识水平、认识能力、个性特点等方面的差异，人与人之间的关系在很多时候必然会出现矛盾乃至冲突。一般而言，这些矛盾大都属于人民内部矛盾，但处理不好，也可能激化，因而必须对其进行协调。思想政治教育就是协调人际关系的重要手段。在对人们进行教育的过程中，对人际关系进行协调，正确处理人际间的矛盾，是思想政治教育的题中应有之义。在社会环境复杂、社会矛盾较为突出的今天，思想政治教育要充分发挥协调人际关系的功能，帮助人们化解矛盾，缓解人际冲突，着力建立团结、互助、友爱、平等的和谐人际关系，从而为经济建设营造一个良好的人际关系环境。

第三，情绪调控。人们在现实生活中遇到矛盾和困难，情绪就会发生变化，甚至出现不满、怨恨和愤慨等负面情绪。这种负面情绪如果得不到缓解，不能及时予以消除，就可能造成矛盾激化，给经济建设带来障碍，给社会带来危害。因此，就必须及时对人们的情绪进行调节，而思想政治教育正是调节人们情绪的重要途径。通过思想政治教育，可以帮助人们化解矛盾、稳定情绪，疏通思想、宣泄情绪，创造条件、转移情绪，重定目标、升华情绪，从而使人们的情绪得到及时有效的调适，获得新的平衡。这样就能大大减少社会的不安定因素，使人们以饱满的热情投入社会主义现代化建设中。

第四，利益调节。利益关系是人类社会生活中的一种基本关系，它表现了人类社会生活中本质的一面，对社会生活发生着重要的作用。因此，统治阶级十分注重对人们的利益关系进行调节，其手段是多方面的，除了法律、制度、政策等基本手段以外，思想政治教育也是其中不可或缺的一个重要手段。思想政治教育对人们利益关系的调节是一种微观调节，主要是指对由于一些具体的、特殊的原因造成的个人或群体之间的利益矛盾的调节。其主要做法是关心人民群众的疾苦，多为人民群众办实事，尽量满足他们对物质利益的合理需要；同时教育人们树立正确的利益观念，正确处理国家、集体、个人三者之间的利益关系；还要引导人们理性地追求个人利益，通过正当手段如诚实劳动、合法经营、科技致富等途径获得物质利益。思想政治教育对利益关系的这种调节，有助于在全社会范围形成一种公正、合理、和谐的利益关系，从而为社会主义现代化建设营造一个良好的社会环境。

### （三）思想政治教育的文化功能

思想政治教育作为社会思想观念的组成部分，包含于文化之中，是社会文化的一个结构单位。思想政治教育的文化功能指的是它对社会文化结构及其各组成部分的影响。从文化的运行过程来看，思想政治教育的文化功能包括文化传播功能、文化选择功能、文化创造功能等。

#### 1. 思想政治教育的文化传播功能

思想政治教育是指社会或社会集团用一定的思想观念、政治观点、道德规范对其成员施加有目的、有计划、有组织的影响，使他们形成符合一定社会或一定阶级所需要的思想品德的社会实践活动。所谓"思想观念、政治观点、道德规范"，都属于文化的范畴，是一种特殊形式的文化，即政治文化和伦理文化。从某种意义上讲，思想政治教育就是政治文化、伦理文化的传播过程，其目的是要实现个体的政治、道德社会化。在这个过程中，同时存在着两个方面的活动：一方面是社会通过思想政治教育等形式传播思想政治信息和主导思想观念，促使人们接受主流文化的价值观，形成符合社会要求的行为模式；另一方面是个体通过学习、模仿、社会实践等形式获得思想道德知识，形成一定的政治态度、政治信仰和政治情感。这两种活动在思想政治教育的过程中相互联系、相互作用，辨证地统一在一起。可见，思想政治教育传播政治伦理文化的过程，不是过去那种"我说你听，我打你通"的单向灌注过程，而是一种同为信宿、同为信源的双向信息交流和情感互动过程。

需要指出的是，思想政治教育传播文化的过程，也是社会文化得以保存和活化的过程。如果没有思想政治教育的传播，政治文化、伦理文化就只能表现为储存形态的文化，即依附于物品、文字等载体的形式，而不能被人们掌握和利用，难以在人们的政治生活和道德生活中发挥作用。只有通过思想政治教育，才能使储存形态的政治伦理文化转变为现实活跃形态的政治伦理文化，并直接转移到人这个载体上。也就是说，只有通过思想政治教育，才能使特定的政治伦理文化与人的观念、智慧、意志、情感建立起联系，使社会规范成为人们维持良好生活秩序的准则，使健康的审美情趣和民族风俗成为丰富人们生活的内容和方式，使政治文化呈现出参与社会生产和社会生活的巨大力量。

#### 2. 思想政治教育的文化选择功能

思想政治教育对文化的传播，并不是对现有文化的原本照搬，而是一种选择的过程，它包含了对文化的撷取与吸收、排斥与舍弃。通过这种选择，在历史、当代、未来间建立起发展的链条，在东方文化与西方文化间建立起一座交流的桥梁，并据此去发展文化，推动历史进步。思想政治教育选择文化的功能主要是通过批判地吸收文化这一方式完成的。具体地说，就是思想政治教育根据一定社会的需要和思想政治教育的目的对传统文化与外域文化进行批判地吸取，使其符合我国社会发展的要求，符合我国文化发展的需要。要发挥思想政治教育的文化选择功能，首先，思想政治教育者必须树立正确的文化观，提高文化选择的自觉性；其次，要加强对中华民族传统文化的价值吸收和批判改造，加强对西方文化的合理借鉴和批判改造，即要积极主动地对各种文化进行科学分析、鉴别、筛选、利用；最后，要加强对人们进行文化选择的引导，让人们学会在文化交流和冲突中正确进行文化选择和合理吸收。

### 3. 思想政治教育的文化创造功能

20 世纪 50 年代以来，科学技术飞速发展，世界范围的文化交流日益加强，各民族文化的联系愈益紧密，竞争也越来越激烈。要提高我们民族文化的竞争力，使民族文化与时俱进，始终走在世界文化发展的前列，就必须培养一大批具有文化创新能力的人才，而这正是当代思想政治教育的重要责任。思想政治教育的文化创造功能主要就是通过培养具有创造精神和创造能力的人才来实现的。同时，思想政治教育在传播政治文化、伦理文化的过程中，不是一个机械的"传声筒"，而是不断地对其进行整理、组合，并以最恰当的方式进行传递，这一过程实际上也是文化的创造过程。由此可见，思想政治教育的文化创造功能是客观存在的。在文化竞争日益激烈的今天，思想政治教育一定要高度重视创新型人才的培养，并创造性地传播政治文化和伦理文化，以充分发挥其文化创造功能。

将思想政治教育的功能分为个体性功能和社会性功能两个方面进行分析，在理论上讲是完全必要的。但在实际上，这两方面的功能是紧密联系在一起的。个体性功能的实现不能脱离社会性功能去空谈，社会性功能也需要个体性功能为其实现的中介。我们应该使这两种功能有机地统一起来，从而最大限度地发挥思想政治教育的功能。

# 第四章 高校思想政治教育的原则与方法理论

## 第一节 高校思想政治教育方法论的结构与体系

思想政治教育方法论是关于思想政治教育方法的理论及思想政治教育基本原理的具体运用，也是思想政治教育学科理论体系的基本组成部分。思想政治教育目标的实现、效果的好坏，都离不开科学方法论的指导，离不开方法的正确运用。现代思想政治教育，面临着与以往完全不同的时代背景与条件，面对着人们已然深刻改变了的思想活动特点与思想道德实际，唯有在科学理论的指导下，坚持与时俱进，坚持方法及方法论的创新发展，才能始终保持生机与活力，发挥出应有的功能，充分实现其价值。因此，正确把握思想政治教育方法论的科学内涵、体系结构以及思想政治教育方法的现代发展与运用原则，对于完整地理解现代思想政治教育的基本原理，不断提高从事思想政治教育工作的能力与水平，具有十分重要的意义。

对思想政治教育方法论的思考与研究，无疑与思想政治教育方法有着密切的关系。但是，思想政治教育方法论并不局限于对个别的一个个具体方法的描述与阐释，它更多地致力于对方法与方法之间有机联系的探询，致力于从整体上认识和把握思想政治教育方法体系的合理结构与科学建构。掌握思想政治教育方法论的科学内涵，了解思想政治教育方法论的体系结构，是开启思想政治教育方法论大厦之门的金钥匙。

### 一、思想政治教育方法论的内涵

我们一般认为，方法是人们为了认识世界和改造世界，达到一定目的所采取的活动方式、程序和手段的总和。但方法不是某种实体工具或实体因素，它总是与人的活动紧密地联系在一起，离开了人的认识或实践活动，方法就失去了存在的基础与价值。方法是人们在长期的实践活动和认识活动中形成、发展的关于人的自身活动的法则，就其本质而言，是人对客观规律的科学把握与自觉运用。

作为人的自身活动的法则，方法首先表现为人的活动（认识活动或者实践活动）的中介因素，随着主、客体的具体情况的变化而变化，而且随着主、客体相互作用的过程即人的活动过程的消失而消失。其次，方法服务于人的目的、活动的目的，总是和任务联系在一起的。不同的任务，不同的目的，就要求有不同的方法；目的达成，任务实现，方法的使命也就此终结。再次，方法与理论是联系在一起的，无论是实践经验上升到理论，还是理论指导、运用于实践，都要靠一定的方法来完成。最后，方法是人类思维活动的产物，人们在认识活动、实践活动中积累的方法经验一旦上升为思维方式，就变成了可以传承的科学性方法。方法和人的思维方式联系在一起，以特定的思维结构、思维方式为基础，随人的思维方式的变动而变化，从而保持其既相对稳定又不断发展的知识体系。

方法论比方法具有更广泛的内涵，而且对这个概念的理解和使用往往比较含糊。"方法论"，有时候被人们在哲学层面上定义和使用，有时候是在科学学、科学认识活动的层面上来定义和使用，有时候则把它看作对方法的理论研究。其实，这正是方法论研究的三个层次——哲学方法论、科学方法论以及方法学，分别满足人们认识活动、实践活动不同层次的需要。由于方法和方法论之间的天然联系，它更经常地指人们关于认识世界、改造世界的根本方法的理论，简言之，在没有加以专门说明的情况下，方法论就是指有关方法的理论。它以方法为研究对象，揭示方法产生、变化、发展的规律，以及方法的性质、作用、特点、功能等内容。

思想政治教育方法，就是为了实现教育目标、传递教育内容，是教育者对受教育者所采取的思想方法和工作方法。在这里，思想方法就是思想政治教育认识活动（如认识对象、认识环境等）的方法，工作方法就是具体实施思想政治教育活动、促进受教育者思想政治品德形成发展的方法。思想政治教育方法论，就是关于思想政治教育方法的理论，它是思想政治教育理论的具体运用。具体来说，思想政治教育方法论是运用辩证唯物论和唯物史观的基本理论，研究和揭示人们的思想形成、发展、转化的规律，实施思想政治教育的规律，以及运用这些规律提升人们思想政治水平和思想道德素质的方法的总和。

思想政治教育方法，对于实现思想政治教育目标、完成思想政治教育任务以及保证思想政治教育的实际效果具有重要意义。具体说来，可以概括为以下三个方面。

第一，思想政治教育方法是实现思想政治教育目的的重要手段。人与动物的区别之一，在于人具有意识与自我意识，在于人的全部活动都具有明确的目的性，在于人具有选择合适的方法去实现自己的目的的能力。"我们不但要提出任务，而且要解决完成任务的方法问题。我们的任务是过河，但是没有桥或没有船就不能过。不解决桥或船的问题，过河就是一句空话。不解决方法问题，任务也只是瞎说一顿。"毛泽东的这一形象比喻，生动具体地说明了方法的属性及其对实现人的目的的重要性。能否自觉选择和运用思想政治教育的科学方法，是能否实现思想政治教育目的、完成思想政治教育任务的关键。在思想政治教育过程中，不会选择和运用方法，不讲方法的科学性与有效性，实现思想政治教育目的就无从谈起，完成思想政治教育任务也就成了一句空话。

第二，思想政治教育方法是教育者与受教育者互动联结的纽带。在思想政治教育过程中，教育者与受教育者是人的因素，方法是中介因素。思想政治教育过程的有效运行、发展，既取决于教育者的教育活动，又取决于受教育者在教育者指导下的学习接受活动，也就是以教育者与受教育者之间良性协调的互动为基础。只有选择那些合乎人的身心发展特点以及思想品德形成发展规律，合乎思想政治教育一般特点以及现代活动规律的科学方法，才能使教育者和受教育者之间建立起良性协调的互动关系。也就是说，思想政治教育活动的科学组织、有效运作以及预期效果的获得，都不能缺少思想政治教育方法的这种纽带联结作用。

第三，科学的思想政治教育方法是保证思想政治教育效果的重要条件。科学的思想政治教育方法，是思想政治教育规律的体现，它揭示受教育者的思想道德现状和活动特点，能针对受教育者生活世界中的具体因素对其的思想品德发展以及思想政治教育活动施加影响。因此，在思想政治教育的实践中，方法一经选择，就预示着思想政治教育活动的方向，为思想政治教育获得实效提供条件和保证。思想政治教育目的的实现和任务的完成，要通过思想政治教育的实际效果来体现，而有效的思想政治教育是靠科学的方法来达成的。如果不能对方法进行科学选择，思想政治教育就可能事倍功半，甚至劳而无功；如果采用了错误的方法，更只会事与愿违，不仅谈不上思想政治教育的有效性，甚至还会造成思想政治教育的严重失误。因此，选择和运用好思想政治教育方法，是不断增强思想政治教育有效性的关键因素。

## 二、思想政治教育方法论的层次结构

方法论的体系结构，与人的活动（认识的或实践的活动）所提出的任务相关，与人的活动对象的性质相关，也与方法所使用的基本工具相关。依照这样三个维度，我们可以把人们所掌握的全部方法划分为不同的层次，从而构建起方法论体系的立体层次结构。这个体系的第一层次是哲学方法，它是认识事物共同规律、一般特性的方法，是适用于自然科学、社会科学、思维科学的最普遍、最一般的方法，是包括历史的方法、辩证的方法、逻辑的方法等的方法体系。第二层次是通用方法，它是在一定范围内普遍适用，为各门具体科学所共有的方法，是认识某一类或各类事物某一方面规律与特性的科学方法（前者如自然科学方法、社会科学方法、科学学方法等，后者如数学方法、系统论方法、控制论方法、信息论方法等）。第三层次是具体方法，它是人类活动各专门领域的专有方法，依活动目的、任务的不同以及活动对象特性的不同形成不同的方法与方法组合，是方法体系中层次最丰富、最富有变化的部分。方法体系的三个层次是一般、特殊与个别的关系，它们是密切联系而非彼此分割的。

思想政治教育方法论，不是研究哲学方法和通用方法，而是重点关注哲学方法、通用方法在思想政治教育中的运用问题以及思想政治教育实践活动中的具体方法问题。思想政治教育方法作为一种专门方法体系，其所属方法因其适用范围的不同而形成不同的层次。

第一，思想政治教育的原则方法，包括实事求是的方法、群众路线的方法、理论联系实际的方法以及科学性与方向性相结合、精神鼓励与物质鼓励相结合、思想政治教育与业务工作相结合等方法。这些方法实际上是思想政治教育的根本理念、指导原则，在思想政治教育全过程中起指导作用，由于思想政治教育原则方法具有规定其他方法的方向、准则和要求的功能，所以在思想政治教育方法体系中，它具有特殊地位和特殊作用。

第二，思想政治教育的具体方法，包括思想信息收集方法、思想分析方法、思想政治教育决策方法等思想政治教育认识方法，思想政治教育基本方法、综合方法、特殊方法等在内的思想政治教育实施方法以及思想政治教育反馈调节、总结评估方法等。这些方法是思想政治教育原则方法在思想政治教育过程中的具体运用，在思想政治教育工作的各个环节上起主导作用。

第三，思想政治教育的操作方式，是思想政治教育具体方法在思想政治教育实践中的实际运用，是具体方法适用于不同范围、不同条件时的特殊方法形态，也是人们在长期运用思想政治教育具体方法过程中对这些具体方法的程序化总结。在思想政治教育方法体系中，这些操作方式数量最多，应用最广泛，可操作性最强，最便于思想政治教育工作者学习掌握和直接运用。在思想政治教育实践中，我们选择、运用思想政治教育方法，更多的是选择和运用思想政治教育方式。

第四，思想政治教育方法的运用艺术和技巧，是思想政治教育方法的运用方法。这些方法就其属性而言，可以说是思想政治教育工作者运用方法的能力，是思想政治教育实践经验的长期积累，具有鲜明的个性特征与个人风格。因此，在思想政治教育方法体系中，它处在比较微观的层面上，但却具有高度的灵活性、具体性、生动性、创造性，对思想政治教育效果产生最直接的影响。思想政治教育工作者要提高自己的方法修养和工作能力，取得思想政治教育的良好效果，应该更多地在这方面下功夫。

以上这些方法，虽然分属不同的层次，但都有着各自的特点、适用范围和特殊作用，它们互相衔接制约，形成一个比较完整的一般、特殊与个别的层次结构体系。在思想政治教育实践中，它们之间不可相互替代，而是相互联系、相互转化的，低层次的方法必须合乎高层次方法的规定与要求才具有科学性，高层次的方法要转化为低层次方法才能实际运用、具有现实的可操作性。比如，思想政治教育具体方法和操作方式要以原则方法为指导，思想政治教育原则方法也只有转化为思想政治教育的具体方法、操作方式，成为思想政治教育工作者的方法技巧、工作能力，才能真正发挥其功能、实现其价值。

## 三、思想政治教育方法论的横向结构

思想政治教育方法论的体系结构，除了可作一般、特殊与个别的层次划分外，还可依据思想政治教育方法形成、发展的历史线索建构起方法论体系的纵向发展结构，也可根据方法之间的横向联系确立思想政治教育方法论体系的横向结构。思想政治教育方法论的纵向发展问题，我们将在后面专门讨论，这里只对思想政治教育方法论的横向结构作一简要分析。

随着思想政治教育方法论研究的不断深入，我们发现思想政治教育方法之间的横向联系是非常普遍的一种联系方式，研究者们在思想政治教育方法论横向结构的建构方面进行了诸多尝试，但目前认同最高的还是郑永廷在《思想政治教育方法论》中所提出的一种结构模式。即以马克思主义认识论为指导，按照思想政治教育运行过程建构的方法论体系。这个体系以人们"认识—实践—再认识—再实践"这一认识规律、活动规律为基础，按照思想政治教育实践从掌握情况、认识对象、明确目标入手，继而组织开展具体的思想政治教育活动，经过总结、提高之后再进入一个新的实践流程这样一个运行程序，通过思想政治教育认识活动、实施活动、调节评估活动找到了思想政治教育方法之间的有机联系，从而构建起由思想政治教育认识方法、思想政治教育实施方法和思想政治教育调节评估方法三大方法系统组成的方法论体系。

**（一）思想政治教育认识方法系统**

思想政治教育的认识方法，就是指教育者在认识教育对象和教育环境的过程中所采用的思想方法。认识教育对象是进行教育活动的首要的前提条件。正确地认识和分析不同时期教育对象的思想特点和相关因素，才能做到一切从实际出发，有针对性地开展思想政治教育。认识教育的环境，实际上是找出影响教育对象思想形成的客观因素，只有把握这些客观因素，才能从根本上解决人们思想上的问题。然而，怎样科学地认识教育对象和教育环境，却是一个关键问题。思想政治教育认识方法系统，主要包括三个方面的方法：第一，通过观察、调查、预测的方式掌握教育对象思想道德信息的思想政治教育信息获取方法；第二，对思想道德信息进行分析研究、掌握其实质并预测其发展趋势的思想信息分析方法；第三，根据人们的思想道德实际以及发展趋势制订具体教育方案与计划的思想政治教育决策方法。收集信息—分析信息—科学决策，在思想政治教育实际工作中是三个连续的环节，构成一个完整的认识活动过程。这三个方面的方法则呈现出一种逻辑递进关系，形成有机联系的完整方法体系。

**（二）思想政治教育实施方法系统**

思想政治教育的实施方法，就是教育者面对教育对象，在教育过程中采取的改造教育环境以及针对教育对象思想状况施加教育影响的方法，这些方法也叫作思想政治教育的工作方法。思想政治教育的实施方法是思想政治教育认识方法向实践方面的必然发展，是直接影响和转变教育对象思想、改造与建构教育环境的方法，在思想政治教育方法论体系中处于中心地位。思想政治教育实施方法主要有四类。

1. 基本方法

基本方法是指在思想政治教育基本活动形式中所运用的方法。思想政治教育的基本活动形式有理论教育、实践教育和批评与自我批评，思想政治教育的基本方法因此也就包括了理论教育方法、实践教育方法和批评与自我批评的方法。

2. 一般方法

一般方法主要包括情感教育法、说理教育法、个性教育法、典型示范法、行为规范养成法等。

（1）情感教育法

思想政治教育工作是做人的工作，而人是有思想、有情感的。要做好思想政治教育工作，首先，必须做到尊重人、关心人和理解人。实践证明，要使思想政治教育取得良好的效果，就必须动之以情。情感的投入、情感的教育，是思想政治教育的一种行之有效的方法。一个人的成长过程，要受到家庭、学校、社会多方面的影响。在童年时期，父母的思想、行为及父母的关爱，对子女养成好思想、好品德影响很大。父母是孩子的第一任老师。其次，对青少年影响最大的是学校教师。青少年大部分的时间是在学校度过的，教师（包括专业课和思想政治教育课的教师）不仅传授知识，而且以自己的行为和情感影响学生，若能在思想上、政治上、生活上关怀并体贴学生就能建立起深厚的师生情谊，这对青少年学生养成好思想、好品德能起到潜移默化的作用，是单纯的说教所达不到的。青少年思想政治素质的提高，还离不开社会的关爱。为了青少年的健康成长，不少地方修建了少年宫、青少年科技园，建立了青少年教育基地，还有个人和团体资助贫困学生上中学、上大学。这些都是社会对青少年学生的关爱，这种关爱激发了他们积极向上、勤奋学习、学好本领报效祖国、报效社会的斗志（特别是贫困学生更是如此）。这就是情感教育法的力量。然而，有少数教师，在教育过程中不注意情感的投放，不尊重学生的人格与尊严，结果适得其反。他们往往因袭传统的教育观念和教育方式，照样采用"我讲你听，我说你服"的老办法；尤其是当学生提出一些现实生活中的敏感问题或某些与"正统"要求不相吻合的问题时，有的教师不是耐心地分析和说服，而是斥责多于宽容和理解，批评多于分析和思考，禁止多于疏导和开启。结果导致教师与学生在感情上的对立、心理上的隔离，教育的效果之差可想而知。

（2）说服教育法

所谓说服教育，就是用事实和马克思主义科学的原理说服人、教育人，做到以理服人。在解决人们的思想认识问题时，坚持理论联系实际的原则，采取民主的方法、讨论的方法及摆事实、讲道理的方法，使人心悦诚服，而不能采用空洞的、教训式的说教，更不能采用压制的方法、行政命令的方法。做到以理服人，应注意两点：

第一，要因人施教，提高思想政治教育的效果。由于青少年的发展阶段不同、身心成熟程度不同，因此，对其思想政治教育的方式方法也不同，说理的层次也有所区别。如前文所述，对于小学和初中学生，主要是对他们进行行为规范教育和品德教育，让他们认识到哪些行为是符合规范的，哪些行为是违反校规校纪的，初步具有一些分辨好坏、善恶、是非的标准。对于高中生则应进行较为系统的法制教育，进行马克思主义政治常识、经济常识和哲学常识的教育，使他们初步了解到马克思主义有哪些基本原理、原则和方法。而对大学生和研究生则应结合现实生活实际，结合思想史和现代西方哲学流派，进行比较对照，将马克思主义基本原理、基本方法讲清讲透，让学生真正明理。

第二，要用事实和道理说服人。说理是打开人的心扉的钥匙。说理透彻，把道理讲清楚，才能让人心悦诚服。例如，给学生讲授社会主义本质时，不仅要让学生了解是什么，更要让学生知道为什么。只有把这些道理分析透彻了，学生才能深刻地把握社会主义的本质。又如，给学生讲唯物辩证法，如果只是列举一些实例去说明某一规律、某一范畴，就不可能使学生在理论上较为透彻地理解唯物辩证法。因为辩证法并不是实例的简单相加。

（3）个性教育法

青少年学生由于家庭背景不同、所接触到的社会影响不同，以及个性心理特征不同，因此所形成的矛盾或思想问题也不同。对青少年学生的思想政治教育要做到有针对性和实效性，就必须把握青少年学生思想品德的个性特征，对症下药，一把钥匙开一把锁。依据人的个性特征开展思想政治教育，这是矛盾的特殊性规律所要求的。

开展个性教育有三个方面应当注意：①摸清问题，找准矛盾。只有摸清了思想脉络才能有的放矢，因人施教。②掌握"性格"。人的性格是个性的核心，是一个人处事待物的基本心理特征。性格不同，对相同的问题往往会有不同的认识和态度。比如，对待他人，有的人性情坦率，富有同情心，有的人思想隐蔽，待人冷漠；对待自己，有的人自尊自重，谦虚谨慎，而有的人则自高自大，盛气凌人。所以，掌握人的性格，对于有效地开展思想教育工作特别重要。③了解"气质"。在现实生活中，人的气质是不同的，待人接物的态度和表现形式是有很大区别的。例如，有的人脾气暴躁，容易冲动，粗鲁任性，往往把好事办坏；有的人兴趣广泛，认识敏捷，易于接受新事物；有的人沉默寡言，多愁善感，观察问题细致、敏感、多疑，但其意志比较柔弱，不耐挫折。对待不同气质的人，思想政治教育工作不能采取同一模式。

个性教育的具体做法是多种多样的，一般说来，对于小学生和初中生，以个别谈心为好。教师和学生以民主的方式共同分析问题，讨论问题，以求得问题的解决，从而达到教育学生转变思想的目的。对于高中生、大学生和研究生，除了个别谈心之外，还要引导学生阅读资料、书籍或进行社会调查，使复杂问题得到解决，思想觉悟得以提高。

（4）典型示范法

抓典型、树榜样，发挥先进典型的示范作用，是党的思想政治教育的一个好传统、好方法。先进典型（包括先进集体和先进个人）的先进思想、优秀品质和模范事迹，反映着新事物的本质，体现着新时代的风貌，代表着社会主义事业发展的方向。这种先进典型，不仅社会上有，而且学校也有，不仅有先进的教师，也有先进的学生，他们代表着我们国家方方面面的先进集体或先进个人。抓典型、树形象应注意做好以下几个方面的工作：首先，要善于发现典型，实事求是地宣传典型。先进人物的先进事迹、先进思想、模范行为，是他们在生产、工作、学习和生活中产生的。只有深入实际、深入群众，才能发现典型，树立典型。典型树立起来之后，就要实事求是地宣传典型，以先进典型来影响和带动群众。在宣传上，一定要坚持原则，力戒浮夸，不讲过头话，先进典型也不是十全十美的，因此也不能护短。其次，要教育人们正确地对待典型。先进典型树立起来之后，就要教育群众虚心向先进人物学习，逐步形成一个支持先进、尊重先进、争当先进、赶超先进的好风气。学习英雄模范人物，学习先进集体，主要是学习他们高尚的精神、崇高的品质，以激励自己的进步，而不只是简单地模仿，搞形式主义。最后，除了学习社会上的先进典型之外，还要在各类、各级学校树立自己的先进典型，如先进班集体、先进教育工作者、模范教师、优秀少先队员、共青团员等，宣传这些典型对青少年学生的教育效果更好，更有针对性。因为这些先进典型就在他们身边，先进典型的言论与行动，他们听得着，看得见，对他们更具吸引力，更有实效性。

（5）行为规范养成法

实践证明，思想政治教育不能仅仅停留在口头上，而不落实在行动中。不能只重视思想认识教育，而忽视行为规范的养成。青少年学生的好思想、好品德、好习惯，不可能只是依靠单纯地"说教"、简单地"灌输"或自上而下的行政命令就能形成，还必须在日常生活、学习和社会活动、社会交往过程中，用人们共同遵守的基本行为规范和社会公德、职业道德、家庭美德来启迪与引导，使不文明的习惯转化为文明习惯，使非道德行为转化为道德行为，从而提高青年学生的思想、政治、道德素质。行为规范养成教育，其内容与形式是多种多样的，如倡导校园文明、班组文明、宿舍文明的养成教育，这种教育包括引导学生自觉地遵守校规校纪，自觉地养成"五讲""四美""三热爱"风尚。在行为规范养成教育过程中，教师的模范行为极为重要。身教重于言教。要求学生不要随地吐痰、乱丢果皮，而教师自己则不遵守；要求学生不讲脏话，做到语言美，而有的教师却脏话连篇。这种口是心非、言行不一的行为和作风，是有违师德的，这对青少年学生的好思想、好品德的养成是有百害而无一利的。

以上这些方法在青少年思想政治教育过程中的功能是各不相同的。无论哪种方法都必须渗透以下基本原则：动之以情，晓之以理，激之以志，导之以行。

3. 特殊方法

特殊方法是在思想政治教育的特别情况下和特殊情境中所采用的特殊方法。如引导人们抵制不良诱惑、规避风险、顺利发展的预防教育方法，针对教育对象的思想困惑、心理障碍所采用的心理咨询方法，解决个人之间、个人与社会之间矛盾冲突的冲突缓解方法等。另外，还有思想政治教育综合方法，就是在解决各种复杂问题时综合运用多种方法而形成的方法组合。

思想政治教育是一种复杂的人类实践活动，其面临的问题、环境和所要解决的问题往往不是简单问题，而是极其复杂的问题。因此，在思想政治教育具体实践中，常常并不是运用某些单一方法就能解决问题，完成任务，实现目标，而是需要多种方法的综合运用。

### （三）思想政治教育调节评估方法系统

思想政治教育的反馈调节、检测评估、总结提高，是思想政治教育的一个基本环节。思想政治教育管理部门和教育者在这个环节中运用的各种方式方法就构成思想政治教育的调节评估方法系统。它包括对一定阶段和过程的思想政治教育实践活动的效果进行反馈、检测、评估、调节的反馈调节方法、检测评估方法和总结提高方法。这些方法的运用，对于思想政治教育工作者及时掌握教育的动态、驾驭教育过程、调整教育方案、优化教育结构、保证教育目标的实现具有重要的意义。这些方法作为思想政治教育的重要手段，在科学判定思想政治教育的实际效果和社会价值，正确总结经验教训，有效改进思想政治教育的措施方法，不断增强思想政治教育的实际效果，逐步提高思想政治教育的科学化、现代化程度等方面，发挥着非常重要的作用。

# 第二节 高校思想政治教育的原则方法及体系

思想政治教育的原则方法，也可以叫作思想政治教育的一般方法。它既是思想政治教育的客观规律的体现，也是思想政治教育的实践经验的总结，对思想政治教育的全过程起指导作用。在思想政治教育方法论的体系中，规定着其他层面方法的方向、准则和要求，起着导向和规范的作用。因此，学习和研究思想政治教育方法论，必须把原则方法的学习和研究作为重点。

## 一、思想政治教育的基本原则

重视思想政治教育，依靠思想政治工作，是中国共产党的优良传统与政治优势。在党的思想政治教育理论与实践发展中，创造了一整套科学的原则与方法体系。这些原则方法经过长期的实践检验被证明是正确的，在新的历史条件下仍然具有现实的价值，成为思想政治教育的基本原则、基本方法。

### （一）疏与导相结合的原则

疏，就是疏通，就是广开言路，畅所欲言，集思广益。导，就是引导，就是在疏通的基础上对正确的意见和思想观点，加以肯定和支持，促使其进一步发展。同时，对于不正确的意见和思想观点，通过民主讨论、说服教育、批评与自我批评的方法，将其引导到积极、健康、正确的方向上来。疏通与引导密切联系、不可分割，疏通是引导的前提，引导是疏通的目的。疏与导相结合的原则，是人们思想、行为活动规律的反映。人们的行为是由思想动机支配的，只有了解人们的内在思想动机，才能把握和预测人的思想发展的特点与趋势，有针对性地做好教育引导。人的思想具有隐蔽性，如果没有思想疏通，教育对象的思想状况难以全面展现出来，引导就没有根据，教育就缺乏针对性。相反，如果没有引导，教育对象显示出来的思想和观点任其发展，并且相互影响，就有可能导致人的发展失去正确方向，甚至错误的思想观点泛滥，干扰思想政治教育目标的实现。因此，在思想政治教育实践中，必须又疏又导，疏导结合。疏与导相结合的原则，既强调发扬民主，在群众中疏通民主渠道，又注重以理服人，进行教育引导。

坚持疏与导相结合的原则，首先，要发扬民主，畅通言路，创造畅所欲言的气氛。这样，才能使思想政治教育者更多地了解教育对象的实际情况，更好地把握教育对象的思想活动特点，找到合适的具体引导办法和引导的角度。其次，要坚持正面引导和说服教育为主，在教育的过程中一方面坚持用马克思主义立场、观点和方法，进行必要的灌输和正面的引导；同时，也要正视教育对象思想认识上存在的偏差，诚恳地指出问题，激发他们的自信心，调动他们的积极性，促进思想的转化和提升。最后，教育者要以身作则、言行一致，用自己的实际行动和人格力量去影响群众、感召群众和带动群众。只有做到身教与言教的统一，教育者才能在群众中树立威信，疏通才有基础，引导才有力量。

**（二）科学性与方向性相结合的原则**

思想政治教育的科学性，要求思想政治教育遵循人们思想活动的规律性，遵循思想政治教育的客观规律性，遵循社会历史发展的规律性，克服盲目性与随意性。思想政治教育的方向性，是指思想政治教育应始终坚持正确的政治方向不动摇，实际上是强调思想政治教育的价值性与合理性。社会主义的思想政治教育，就要坚持以马克思主义为指导，坚持社会主义方向，坚持集体主义的价值取向，批判和抵制各种错误思潮。马克思主义是人类历史上最先进的科学理论，朝着社会主义、共产主义迈进是人类社会发展的必然趋势。社会主义思想政治教育坚持以马克思主义为指导，反映了思想政治教育的本质要求和基本规律，体现了科学性与方向性的高度统一。如果不坚持社会主义的正确方向，就会脱离人类社会发展的正确轨道，难以与各种错误思潮以及形形色色的宗教、迷信、有神论划清界限，思想政治教育也就失去了科学性基础；同样，没有科学性，不遵循客观规律，思想政治教育就难以把握社会历史发展的正确方向，难以把握人们思想发展变化的正确方向，也就谈不上正确的方向性。

坚持科学性与方向性相结合的原则，首先，要求思想政治教育始终坚持马列主义、毛泽东思想、邓小平理论、"三个代表"重要思想和科学发展观的指导地位，深入贯彻落实党的二十大精神，深入贯彻落实习近平总书记系列重要讲话精神，把坚定正确的政治方向放在首位，不允许散布和传播反马克思主义的奇谈怪论或歪理邪说，保持社会主义思想政治教育的本质特色。其次，思想政治教育过程以及具体教育活动的组织，必须针对人们的思想实际，合乎人思想道德活动规律和思想政治教育规律的客观要求。同时，要把方向性要求贯穿在思想政治教育的全过程和思想政治教育的具体活动中，坚持弘扬爱国主义、集体主义、社会主义主旋律，鲜明地体现出社会主义思想政治教育的价值选择，做到科学性与方向性相结合，合规律性与合目的性、价值性相统一。最后，在具体的教育实践中，要以正面教育为主，强调在教育的过程中坚持用马克思主义的理论进行必要的灌输，同时注意做到实事求是，坚持群众路线，自觉运用科学有效的教育引导方法，引导人们思想观念的转化和思想道德水平的提升。

### （三）理论与实际相结合的原则

理论与实际相结合是党的思想政治教育的优良传统。在各个不同的历史时期，思想政治教育既强调掌握革命的理论，又强调与具体的实际情况相结合，有力地促进和保证了革命和建设事业走向成功。没有革命的理论，就不可能有革命的运动；同样，没有科学理论的指导，也就不可能有任何持久的进步行为。理论与实际相结合的原则，反映了理论与实际的正确关系，反映了改造主观世界与改造客观世界的关系，揭示了理论教育与实际教育互为条件、不可分割的关系。现代思想政治教育，要引导人们用科学的方法认识世界、认识社会、认识他人、认识自我，形成正确的思想认识和思想观念，不断提升自己的思想道德水平。这既要求坚定不移地坚持理论教育，用科学理论武装人们的头脑，又要从实际出发，实事求是，针对人们的思想实际，结合时代背景和现实国情，开展思想政治教育。具体地说，就是要求在思想政治教育中弘扬优良学风，既要注重马克思主义理论教育，又要重视理论联系实际，在社会实践中提高思想觉悟和认识能力，实现知行统一。

坚持理论与实际相结合的原则。首先，在思想政治教育中既要注重理论教育，又要注重实践教育，强调行为养成，实现知行统一。通过有目的、有计划地向受教育者进行马克思主义基本理论的教育，引导和帮助他们树立科学的世界观、人生观、价值观，这是非常重要的。但理论来自实践又应用指导实践，只有在实践中才能充分表现出其价值与魅力。通过组织人们参加社会实践活动，进一步加深对理论的认识，巩固和强化理论教育的成果，真正提高思想觉悟和认识能力。其次，要做到理论教育法与实践教育法有机结合，灵活运用。理论教育要结合实际进行，要有实践环节相配合；实践教育要有明确的教育目的，要以理论为指导。系统的理论教育和具体的实践教育如何结合，则要考虑教育内容的特点与性质，考虑教育对象的实际思想状态，在时间和空间上整合好。最后，具体的教育内容和教育方法要贴近实际，贴近生活，贴近群众。现代思想政治教育在活动方法和组织形式上必须结合人们的实际生活和业务工作进行，不必另搞一套，也不可能另搞一套。思想政治教育工作者要积极探索融入人们实际生活和业务工作中去的有效方法，真正做到理论与实际的有机结合。无论是进行理论教育还是开展实践活动，都要联系国内外政治、经济、文化发展变化的实际和人民群众的思想实际，勇于面对现实，勇于面对现实生活中大量存在的理论与实际脱节的现象，勇于回答现代社会发展和人的发展过程中出现的一系列复杂问题，避免假、大、空的说教，防止形式主义。

### （四）解决思想问题与解决实际问题相结合的原则

社会存在决定社会意识，人们思想认识上产生的问题往往与他们的生存环境和生活条件有关。思想政治教育只有关心人们的实际生活，从解决人们面临的实际问题入手，才能收到解决思想问题的实效。革命战争时期是如此，社会主义现代化建设时期也是如此。坚持解决思想问题与解决实际问题相结合的原则，实际上就是坚持马克思主义的物质利益原则。马克思主义认为，物质利益是人类生存和发展的根本条件，人们的物质需要是人们进行生产和其他活动的基本动因。中国共产党是中国人民根本利益的忠实代表，解决群众中存在的实际困难，是党的优良作风与传统。我国进入全面建设小康社会，社会结构和社会生活将发生更加深刻多样的变化，社会多样化存在导致的人们之间在物质利益上的差距将仍然是影响人们思想和行为的重要因素，因此，现代思想政治教育仍然必须坚持解决思想问题与解决实际问题相结合的原则。坚持解决思想问题与解决实际问题相结合，首先尤为重要的是，正视而不是回避人们当前关心的具体问题和面临的实际困难。人们关心自己的物质利益，希望通过诚实劳动、合法手段获得个人生存发展的条件，这是无可厚非的，也是应该得到支持和保护的。如果群众意见大，反映强烈的现实生活、生产问题长期得不到合理的解决，势必影响人民群众对社会主义的看法和对党的领导的看法，甚至会酿成严重的后果。因此，思想政治教育者要贴近群众生活，正确认识群众所关心的热点问题和生产生活中的实际困难，要分清性质，并善于引导和帮助人们从政策上、法律上寻找解决的办法。只有把这些问题解决好了，思想政治教育才会有比较坚实的群众基础。其次，在帮助人们解决实际问题的同时，要引导人们正确面对这些实际问题，正确认识自己的根本利益和长远利益，调动人们内在的积极性，培养团结互助精神，用集体主义的精神和力量战胜困难，解决问题。最后，思想政治教育要善于抓住时机，适时适地开展教育活动。当人们面临共同问题时，思想问题往往比较集中，此时抓住思想热点问题组织相关主题的教育活动，针对性强，参与热情高，容易收到好的效果。当群众反映强烈的某些实际问题得到解决时，人们对党和政府、社会组织以及具体的工作人员信任感会有所增强，彼此的沟通、交流有较好基础，抓住这一有利时机进行教育引导，群众易于发动，有利于增强思想政治教育的实效性。

### （五）教育与自我教育相结合的原则

所谓教育，就是教育者通过自己的言行，把一定的政治观点、思想体系和道德规范转化为教育对象的自觉行动的实践活动。所谓自我教育，就是教育对象自己教育自己，自觉接受积极的影响，完善自己的思想品德和个性特点的自主建构活动。教育与自我教育相结合的原则要求，在思想政治教育过程中，既注重发挥教育者的主导作用，又注重发挥教育对象的能动作用，将教育与自我教育有机地统一起来。教育和自我教育是互相联系、互相促进的两个方面。一方面，人们的思想政治水平的提高靠学校、社会、家庭的教育；另一方面，思想政治教育的效果，最终还是要通过人们自身的思想矛盾运动来实现。教育只是提高人们思想政治素质的外因，自我教育才是提高思想政治素质的内因。中国自古以来就有重视道德教育的传统，形成了注重社会教化的同时注重个人道德修养的成功经验。党的思想政治教育实践也表明，人们的思想政治觉悟的提高离不开组织的培养和思想政治教育工作者的引导，但教育的效果最终还是要通过人们自身的学习、内省、思想矛盾运动来实现。教育与自我教育的结合，就是既重视由外部进行灌输的社会教育，又重视内省修养的自我教育，从内外两个方面实现思想政治教育的目的。这就要求，在思想政治教育过程中，教育者与受教育者之间应该建立起平等互动、互相尊重、互相学习的新型关系，通过有效的行动上的交流和行动的积极参与，调动教育者实施教育与受教育者接受教育两个方面的积极性，以收到理想的教育效果。"教是为了不教"，自我教育既是衡量教育是否有效的一个标志，又是思想政治教育最终落实的归宿。教育者要注重启发教育对象的自我教育意识，引导他们通过自主的学习、自觉的参与以及反省、反思、自我思想改造等自我修养途径，不断提高自己的思想道德水平。现代思想政治教育，要充分发挥社会舆论的作用，树立良好的风气，使教育对象受到感情的感染。强有力的舆论影响和良好的社会风气是一股无形的力量，它有利于激发教育对象自我教育的自觉性，也有利于教育影响作用的强化、教育与自我教育效果的巩固、教育与自我教育的高效结合。

## 二、思想政治教育原则方法的新发展

经济全球化浪潮的强势推进，西方文化的强势渗透，现代科学技术的强劲发展，社会主义市场经济体制的逐步完善，构成了现代思想政治教育的现实环境。要适应环境的新变化，解决实践领域中的新问题，思想政治教育面临着全面创新发展的重大任务。随着实践的不断发展和理论研究的不断深入，思想政治教育原则方法也在与时俱进，不断发展，产生了一些鲜明地体现思想政治教育时代气息的新原则、新方法。

### （一）面向世界与立足民族发展相统一的原则

毫无疑问，经济全球化对当代社会的影响是深刻而深远的，它触及并改变着世界经济、政治、文化格局，构成当代世界每个民族、每个国家乃至每个人发展的新的环境，使面向世界成为社会与个人现代发展的基本向度。在如此时代背景之下，思想政治教育必须坚持面向世界的发展路径。但是，在经济全球化过程中，西方发达国家以强大的科学技术和经济实力，主导着世界的游戏规则，它们打着"人权高于主权"的幌子向广大发展中国家输出其价值观、推行文化霸权、干涉别国内政，造成了所谓的"文明冲突"。作为应对全球化挑战的基本策略，世界各国尤其是发展中国家，为了维护国家的主权和独具特色的民族文化，继续坚持民族化发展的现代化取向。民族化发展，实际上是在经济全球化浪潮中立足本民族发展的过程和状态。全球化与民族化是当代社会发展（现代化）的两个基本趋势，民族化是全球化发展的基础，全球化是民族化发展的条件。因而全球化可以带动民族化发展，民族化可以促进全球化发展的进程。过分强调全球化发展趋势，就会演变成搞全球一体化、模式化、美国（西方）化，走向极端就是要否定民族特色，阻碍民族化发展步伐。但过分强调民族化发展趋势，就会否定全球化强势推进的发展事实，错失民族化发展的良机，甚至走向封闭主义和狭隘的民族中心主义。

全球化和民族化竞相发展的态势，尽管构成一个生动丰富的辩证发展过程，但二者在某些领域和层面上的矛盾与冲突实际上难以避免。思想政治教育的发展是在全球化发展与民族化发展的潮流中进行的，这是现代思想政治教育发展的现实历史条件，因而必须正确把握二者的关系，把二者结合起来，坚持面向世界与立足民族发展相统一的原则。

坚持面向世界与立足民族发展相统一的原则。首先，要坚持和发展主旋律教育，培养面向现代化、面向世界、面向未来的高素质人才。经济全球化的本质就是生产、科技、贸易、投资、金融的全球整体联系和相互影响的增强，但并不等于全球一体化。经济全球化使思想政治教育的内容遇到了新的挑战。我们实行的主旋律教育即爱国主义、集体主义、社会主义教育，在西方的"人权大于主权"、霸权主义的冲击下，必须做出新的回应与对策。我们一方面积极参与经济全球化的过程，另一方面也要强调维护社会主义国家的安全、国家利益、国家主权。这样的主旋律教育才能更加体现时代性。在以和平与发展为主题的开放时代，全球化与民族化既分化又整合的发展趋势，要求思想政治教育必须立足民族，面向世界，高扬爱国主义、社会主义、集体主义教育的主旋律。其次，思想政治教育必须坚持和发展改革开放、面向世界的教育。党的十一届三中全会确立的改革开放政策有力地推动了中国现代化进程，推进了中国特色社会主义事业的发展，不改革就没有出路已成为绝大多数中国人的共识。现代思想政治教育应该加强进一步改革开放的教育，引导人们树立世界眼光，培养开放意识，提高在全球化浪潮中面向世界、自主发展的能力。最后，思想政治教育必须坚持和加强中华民族优秀传统文化教育。中华民族拥有自己极富特色的优秀文化，其中如"天人合一""己所不欲，勿施于人"等文化理念已经成为当今世界解决人类生存与发展面临的诸多共同问题的重要法宝。坚持和加强中华民族传统文化教育，不仅可以进一步弘扬本民族的优秀文化，更重要的是可以增强民族凝聚力，提升我国综合国力和民族核心竞争力，这是实现国家富强、人民富裕的基本条件，也是在全球化进程中有所作为的基本前提。

**（二）主导性与多样性相统一的原则**

主导性与多样性是一个古老的哲学命题，是任何事物发展的基本样态。研究主导性与多样性相统一的原则，实际上是研究普遍性与特殊性、绝对性与相对性、一致性与差异性的辨证关系问题。现代世界是一个文化多元的世界，我们尊重人类的多种文明成果和形式，主张维护世界的多样性。但是，在信息社会化和文化多元化的环境中，仅主张多样性而不坚持主导性就容易迷失方向。坚持思想政治教育的主导性和多样性相结合的原则，是克服教育内容单一化、简单化，缺少针对性和层次性的弊病，把主导内容的方向性与针对丰富多彩的现实生活和思想特点的灵活性相结合的方法。

思想政治教育的主导性要求包括：

第一，要坚持和维护社会主义的主导地位。我们生活在一个资产阶级思想观念影响十分强大的世界上，西方资产阶级的思想观念会无孔不入地进入我们的思想理论领域，对人们的思想产生一定的影响。在这种情况下，必须旗帜鲜明地坚持思想政治教育的主导性，坚持社会主义思想观念的主导地位。否则，就很容易迷失方向。

第二，坚持思想政治教育内容的主导性，把马克思列宁主义、毛泽东思想、邓小平理论、"三个代表"重要思想和科学发展观作为思想政治教育的中心内容，深入贯彻落实党的十八大和十八届二中、三中全会精神，深入贯彻落实习近平总书记系列重要讲话精神，特别是要用中国化马克思主义理论武装人们的头脑。

第三，坚持爱国主义、集体主义、社会主义教育的主旋律。

思想政治教育的多样性就是要根据教育对象的要求，丰富和发展主导性的要求，更好地配合和发挥主导性的作用。多样性的要求包括以下内容：

第一，内容选择的多样性。这包括与主导性内容相关、相容的其他必要的辅助教育内容。比如，优秀传统文化教育，西方进步的学者和思想家的成果，现代科学文化成果，中国人民和共产党人革命传统教育的内容等。这些内容与针对性内容配合起来，充实了各方面的思想营养，有利于更好地进行思想政治教育。

第二，针对不同教育对象和教育环境实施教育。这是从教育对象的具体情况出发，有效实施思想政治教育的原则。由于人们所接受的社会影响不同，受教育群体的思想实际是划分为层次的，思想政治教育必须针对教育对象的各种不同类型、不同层次和个体差异，把先进性要求与广泛性要求统一起来，选择不同的教育内容和方法，克服思想政治教育一般化、表面化、形式化的倾向，确保取得理想的教育效果。

当前，一些人不同程度地存在着政治信仰迷茫、理想信念模糊、价值取向扭曲、诚信意识淡薄等问题，很大程度上是在多样化社会存在条件下主导性发挥不够，也就是理想信念教育跟不上时代发展的需要造成的。因此，坚持主导性与多样性相统一的原则，最重要的就是发展和强化理想信念教育。发展和强化理想信念教育，就要深入开展科学的世界观、人生观和价值观教育。

理想是人的价值意识的最高形态，是人们在社会实践中形成的具有现实可能性的对未来价值目标的向往和追求；信念则是人们对某种观念和理想坚信不疑并身体力行的精神状态。理想信念是人们的世界观、人生观和价值观在奋斗目标上的集中体现，是建立在实践基础上具有神圣性和崇高性的价值追求。社会主义制度在我国的确立，决定了我国的思想观念必须以马克思主义为主导，坚持社会主义的性质和方向。因此，发展理想信念教育，就是要坚持社会主义的主导价值观，引导人们正确认识社会发展规律，认识国家的前途和命运，认识自己的社会责任，确立建设中国特色社会主义道路的共同理想和坚定信念，并使一部分先进分子率先树立共产主义的远大理想。

### （三）自主性与社会化相统一的原则

社会主义市场经济体制的建立，改变了计划经济体制下人的依赖性，增强了人的自主性与竞争性，这是我国社会发展的一个巨大进步。但是，市场经济本身是一种规范性经济，具有社会化与合作性的一面，它要求人们在商品交换中遵纪守法，讲究道德和诚信。然而，目前市场上违法乱纪、缺乏诚信的现象，严重背离了社会主义市场经济的运行规则。思想政治教育要注意研究个体自主性和社会主义、集体主义所强调的整体性、全局性的深刻内涵，引导人们正确认识自主性与社会化、竞争性与合作性、自由性与规范性的关系。不能只注重市场经济的自主性、竞争性、个体性，而忽视社会化、合作性，甚至出现个人中心主义和新的自我封闭现象。

思想政治教育坚持自主性和社会化相统一的原则，就是要通过加强自主性、竞争性教育，增强人们的主体性；通过加强社会性、合作性教育，提高人们的社会化程度。要实现这一目标，重要的就是要加强和改进道德教育与法制教育。要以社会主义义利观为指导，正确把握经济、科技与道德之间的内在联系，把握服务与为利的辩证关系，深化市场经济条件下的道德与法制教育。同时，要引导人们正确认识在现代社会条件下，经济与政治、科技与道德间新的关系、新的矛盾、新的平衡，帮助人们认识人的需要的层次性与丰富性，在指导人们追求正当合理的物质利益的同时，构建超越物质利益的价值理想，真正树立起共同理想和远大的社会理想。此外，还要加强遵纪守法、遵守社会道德规范的教育，引导人们科学地处理个人与他人、社会和自然之间的矛盾，在行为上自觉接受法律规范，并不断提升个人行为的自律能力。

# 第三节　高校思想政治教育方法创新研究

人类的历史就是一个不断地从必然王国向自由王国发展的历史。在社会生活的各领域，人类总得不断地总结经验，有所发明，有所创造，有所前进。随着社会环境的变化和人们思想的发展，新的情况不断出现，新的思想特点也不断出现。思想政治教育的方法必须有新的发展，才能适应变化了的新情况。

### 一、思想政治教育方法在继承中发展

思想政治教育方法论是思想政治教育理论体系的重要组成部分。它有一个不断发展的历史过程。一定的思想政治教育方法，是教育者在实践中适应一定的社会环境和人们特定时期的思想特点而创造出来的。当这一套方法适应思想政治教育实践的需要时，它就会具有较强的说服力和感染力，产生较好的教育效果；反之，当这一套方法被历史抛到后面，不适应思想政治教育实践时，就会失去说服力和感染力，被实践所抛弃。在这一不断发展推进的过程中，仍然有一些历经考验的教育方法，经过改进和完善，能够同新的教育实践相结合，具有新的生命力。因此，思想政治教育方法的现代发展，就是在科学分析、正确对待、选择继承中国古代传统教育方法和中国共产党思想政治教育方法的基础上，不断创新发展的过程。

我国古代具有重视德治与德教的传统，形成了一套具有我国民族特色的道德教育的理论与方法体系。尽管这些理论与方法是为古代社会服务的，但我国历史上讲道德、重修身的传统美德，在今天全面建设小康社会的进程中，是应当而且需要继承和发扬的，尤其是古代道德教化与修身养性方法所具有的现代价值，更值得我们去研究、开发。

中国古代道德教化的主要方法有：正面灌输。灌输是教化的基础，儒家为了进行道德灌输，将道德规范设计成仁、义、礼、忠、恕、孝、悌、勇、恭、宽、信、敏、惠、友、敬、慈、爱、温、良、俭、让等二十多个道德条目，要求人们在道德实践中遵循。封建统治者把儒家著作奉为"经"书，要求世人诵读，采取编写蒙书的方式向普通民众灌输，使之家喻户晓，妇孺皆知。身教示范。身教重于言教，是中国古代道德教育的一条重要原则。孔子说："其身正，不令而行；其身不正，虽令不从。"他认为作为国家的官吏，要以身作则，先"正己"，后"正人"，起到表率作用。荀子也明确提出："夫师以身为正仪，而贵自安者也。"强调教师必须起典范作用。礼乐结合。传统礼教的目的，就在于维护人际关系和社会结构的和谐与稳定；乐教则在于对受教育者进行道德教化和在潜移默化中陶冶情操。孔子认为道德修养"兴于诗，立于礼，成于乐"。礼乐结合，就是要把社会对人的道德规范内化于人的情感、意志之中，从而转化为人们的自觉行动。化民成俗。中国古代化民成俗的方法很多，有的是在群众生活和生产过程中规定了许多特定礼俗，并在这些礼俗中融进了儒家道德的要求；有的是制定乡规民约、家法族规，对违反封建礼教和道德规范者给予相应的处罚；有的是发现、树立道德典范，通过加官晋爵、树立牌坊、修建祠堂等方式，表彰孝子贤孙、贞女义妇和济贫救灾、施善乡里的人和事，倡导社会的道德风尚。环境陶冶。中国古代道德教育重视环境对人的品格形成的作用，要求教育者创造良好的教育环境，使受教育者能够健康成长。荀子说："蓬生麻中，不扶自直；白沙在涅，与之俱黑"。因材施教。中国古代教育，尤其是道德教育，十分注意选择不同的内容和方法，针对不同的教育对象进行教育。孔子是因材施教的典范，他在回答学生关于伦理问题的提

问时，总是针对不同的人予以不同的回答。

在重视道德教化的同时，中国古代教育家也主张"为仁由己"，强调自教自律的修身方法。中国古代的修身方法主要有：一是提倡学思并重，主张学习、继承前人道德，并通过自己的思考转化为自己的品质。孔子曰："学而不思则罔，思而不学则殆。"二是注重反省内求，做到"自省""自讼""见贤思齐焉，见不贤而内自省也"，通过反思领悟道理，从自身求取善良美德的本性，提高自己的道德修养。"求其放心""反求诸己""反身而诚""择善而从"等，都属于反省内求的自我教育方法。三是奉行积善成德，即通过学习和实践优良品德，实现扬善除恶，进入高尚的道德境界。荀子说："积土成山，风雨兴焉；积水成渊，蛟龙生焉；积善成德，而神明自得，圣心备焉。"四是主张身体力行，即在道德实践中要按照道德准则和规范行事，躬行笃行，不断提高道德修养水平。孔子始终强调把"躬行"放在首位，认为"力行近乎仁"，主张"君子欲讷于言而敏于行"，经常教育学生要多干实事，少说空话，要言行一致。荀子甚至提出"知之不若行之"的见解。五是要求"慎独"，做到高度的道德自觉。"莫见乎隐，莫显乎微，故君子慎其独也。"慎独，体现了严格要求自己的道德自律精神，是指一个人独处时也要谨慎地注意自己的内心和行为，防止有违背道德的思念或不符合道德要求的行为。中国古代自我修养的思想和方法值得我们认真研究和吸取，教育者要在不断改进思想政治教育方法的同时，注意激发教育对象自我修养的意识和欲望，从而有效地促进思想道德教育的接受和内化过程。

重视思想政治教育，依靠思想政治工作，是中国共产党的优良传统与政治优势。党在长期领导革命与建设的过程中，创造了一整套科学的原则与方法体系。如，实事求是的方法、群众路线的方法、言教与身教相结合的方法以及疏与导相结合的原则、理论与实际相结合的原则、解决思想问题与解决实际问题相结合的原则、教育与自我教育相结合的原则等。这些原则和方法经过长期的实践检验被证明是正确的，在新的历史条件下仍然具有现实的价值，因此，我们必须坚持、继承和发展。

继承党的思想政治教育的原则和方法。首先，坚持在继承的基础上进行改革和发展。党的思想政治教育方法，主要是教育的方针、原则方法和一般方法，是以马克思主义为指导，在实践中概括出来，并经过长时间的检验，证明是科学的。这些方法，反映了思想形成、发展、变化的规律，以及思想政治教育的规律。因此，对于这些方法，需要在继承的同时，结合新情况，加以创造性改造，使之更加适应现代思想政治教育的实际要求。其次，坚持在改革的过程中赋予思想政治教育方法以新的内容。党的思想政治教育的原则与方法，是经得起历史考验的基本方法，但随着社会历史条件的变化和党的工作重点的转移，一些过去十分有效的教育方法也不能简单地生搬硬套，只有不断充实新经验、新内容，才能进一步显示其旺盛的生命力。

## 二、思想政治教育方法在借鉴中发展

思想政治教育因其阶级特性和班治特色，具有相对性、差异性的一面。但任何时代、任何国家都不会放弃对人们进行思想、政治、道德教育，就人类社会的发展进程而言，思想政治教育又具有绝对性的一面。研究其他国家和地区思想政治教育的传统与经验，学习思想政治教育学科以外其他学科的理论与方法，可以为现代思想政治教育方法的发展提供有益的借鉴。借鉴其他国家和地区思想政治教育的方法，是发展思想政治教育方法的重要途径。如前所述，其他国家，特别是西方发达国家，虽然没有思想政治教育这个概念，但政治工作、思想教育与道德教育是绝对不可缺少的。他们根据本国的性质以及社会发展与个体发展的要求，也建构了类似于我国思想政治教育的一整套工作体系与工作方法，其中有些方法，如政治社会化技术、政治与道德的传播与接受方法、法规自律方法、咨询服务方法、民主自治方法、隐性教育方法等，在西方国家政治工作与思想、道德教育中已形成特色，富有成效，值得我们借鉴。

西方国家还把政治工作与思想、道德教育较早纳入各个不同学科进行研究，形成了与这些工作相关的学科和理论，尤其是关于道德教育的理论与方法十分丰富。例如，科尔伯格的道德认知发展理论与方法、拉斯思等人创立的价值澄清理论与方法、班杜拉等人提出的社会学习理论与方法，在西方道德教育实践中发挥了重要作用，至今也还能为现代思想政治教育方法的发展提供诸多的启发。此外，社会学、心理学、学习学、传播学、管理学等学科的知识、理论与方法，大量地被运用于西方社会对人的教育、引导、管理、开发实践中，广泛地吸收这些理论知识，借鉴西方国家的成功做法，对思想政治教育方法的现代化发展便能发挥作用。还有其他人文社会科学，如伦理学、教育学、系统科学等学科的知识与方法，也需要加以借鉴。总之，只有广泛学习、借鉴其他国家和相关学科的方法与知识，思想政治教育方法才能适应面向世界和激烈竞争的社会环境，才能在比较和鉴别中取长补短，促进发展。

## 三、在思想政治教育实践中探索新方法

思想政治教育方法的发展，"从总的发展趋势上看，是一定的时代内容、理论内容、环境内容决定一定的方法"。我国政治、经济、文化和科学技术的迅速发展，深刻地改变了人们的思想观念、行为方式与思想政治工作的目标、内容，思想政治教育方法必须与时俱进，在实践中探索和创造新的方法。

### （一）探索满足主体多样性发展的咨询辅导方法

随着市场经济体制的发展与完善，竞争和创新已经成为推动我国社会发展的基本方式，也成为人们生存与发展的基本方式。但是，竞争有机遇也会有风险，创新能成功也可能失败。帮助人们把握机遇，避免风险，明确努力的方向，已经成为现代思想政治教育的重要任务。

竞争，顾名思义就是在竞赛中争胜，在现代社会生活中表现为精神追求的较量与物质利益的争夺。因此，只要有竞争，就会有主动与被动、优胜与劣汰的差别。人们如何在竞

争中争取主动和优胜，避免被动与淘汰呢？与时俱进，不断创新，是通向成功与胜利的唯一途径。"人无我有，人有我优，人优我廉"体现了企业生产的创新策略，是企业产品参与市场竞争的规律。而人们在面临生存与发展的竞争时，权衡各种利益关系，分析各种参照因素，进行创新性思考与创造性活动，选择自己优势最强的方面予以突破，就能在竞争中使能力发挥最充分、价值体现最大、利益获取最多，赢得竞争的胜利。竞争和创新，已经成为人们时常需要面对的人生课题。现代思想政治教育必须发展适应竞争与创新的理论，将思想政治教育预测、决策等工作方法转化成教育方法，用以指导人们适应竞争环境、参与创新活动，满足社会发展和个人发展的需要。

现代人的发展，是富有个性、创造性与多样性的发展，给现代思想政治教育提出了诸多新的要求。

第一，社会主义市场经济体制促进了人的主体性发展，凸显了创造性与个性化色彩。为了谋求更快、更好的发展，他们需要社会提供多样化的思想道德教育以满足个体主体性、个性化要求。

第二，社会的多样化存在形式和多元化的价值取向，增加了人们适应社会环境的难度，仅凭个人的知识和经验已经难以解决个人发展中的许多复杂问题。为了更好地适应社会，顺利发展，需要寻求专业咨询人员的帮助，听取合理、正确的意见和建议。

第三，改革开放的深入发展，推进了社会的民主化进程，传统思想政治教育的权威模式受到挑战，人们普遍要求民主、平等、相互交流的工作与教育方式。

第四，现代社会变化节奏加快，社会竞争性加剧，人们之间利益关系的复杂程度增加，容易引起人们的心理震荡、精神苦闷、思想困惑，增加心理负荷，导致心理不平衡、心理障碍甚至心理疾病的发生。

总之，人们面向未来的发展是多取向、多层次、多路径的，每个人的发展都面临大量不确定因素，这就需要思想政治教育工作者能够针对个体发展的不同需求，运用科学的预测决策方法，提供个性化的咨询辅导服务，开拓新的咨询方法领域，满足不同主体特殊性、多样化的发展需求。

**（二）发展与现代传媒相协调的隐性教育方法**

现代思想政治教育越来越明显地受到来自现代大众传媒的挑战。这是因为，由于电视、VCD 和 DVD 机、计算机网络等现代大众传播媒介在我国迅速普及并进入家庭，人们越来越习惯于依赖现代大众传媒来满足自己的信息需求，但大众传媒所传播的思想观念、价值标准、时尚风貌并不一定与思想政治教育相一致。因此，发展隐性教育方法，与现代传媒相适应、相竞争，成为现代思想政治教育方法创新的课题。

参与激烈竞争、日新月异的现代社会生活，需要大量社会信息的支持。伴随我国现代化进程中多层面、多样化的社会变迁过程，社会成员的活动方式和组织形式正在发生变革，越来越多的"单位人"向"社会人"转变，人们所依赖的信息渠道也由单位转向无处不在的大众传媒．在这种情况下，依托行政组织体系开展思想政治教育的传统模式越来越难以奏效。因此，根据现代传媒向时空扩张、呈网络发展的趋势，突破固定的行政组织框架，探索隐性教育的方式方法成为思想政治教育方法创新的突破口。

隐性教育方法主要包括渗透式教育方法、陶冶式教育方法和实践体验教育方法。渗透式教育方法，即教育者运用科学的方法将教育的内容渗透到受教育者可能接触到的一切事物和活动中，潜移默化地对人们产生影响的方法。众多专家认为，隐性教育的内容应当广泛渗透在优秀的科任教师、进步的课程设置、积极的学校精神、先进人物的榜样示范和良好的社会环境之中。自觉运用渗透式教育方法，要选择合适的载体，这些载体包括活动载体、文化载体、管理载体和传媒载体等。陶冶式教育方法，即营造一个健康、乐观、向上的文化氛围和教育环境，开展喜闻乐见的文化艺术活动，使人们在耳濡目染中受到思想道德熏陶的方法。简言之，就是寓教于境、寓教于情、寓教于乐。这里的教育环境既包括有形的自然景观、文化景点，也包括无形的文化氛围和社区人际关系。实践体验教育方法，即组织人们自觉参与群众性精神文明创建活动以及社区的管理和建设，自愿参与各种生产劳动和社会服务活动，丰富实践体验，提高思想道德素质的方法。近年来，思想政治教育工作者根据市场经济条件下人们主体性增强的特点，大力发展群众性的主动参与、共创共建的各种活动，如开展"文明社区""文明单位""文明班组""文明校园"建设，实施面向社会弱势群体的"帮贫助困"工程，组织参加青年志愿者和"三下乡"等活动，都收到了良好的教育效果，体现了体验教育的巨大作用。

### （三）推广符合民主法制要求的管理评估方法

党的十一届三中全会以后，党的中心工作转移到经济建设上来，思想政治教育适应这一新的转变，主动与业务工作、管理工作结合，彻底改变"两张皮"的现象，为经济发展和社会进步服务。管理，涉及社会生活的各个领域，自觉运用管理评估方法，将思想政治教育的基本内容与基本要求转化为管理评估的具体指标渗透到管理活动中，能够实现思想工作与业务工作的有机结合，有利于思想政治教育虚功实做，取得实效。

现代管理评估已经不再仅仅是衡量好坏、优劣的手段，它更重要的职能是目标激励、促进发展。自觉运用管理评估方法，可以通过相互比较，激发人们的积极性。这是因为，管理评估的标准，反映了社会对业务工作以及人员思想素质、业务能力的要求，起着"指挥棒"的作用，一旦被人们认同就会变成他们努力奋斗的目标，激发强大的内在精神动力。同时，评估是正常竞争的必然要求，管理评估过程为人们提供了相互比照、知己知彼的机会，有利于形成比学赶帮、相互促进、共同提高的良好局面。由于管理评估的结果能够客观地反映单位工作和个人发展的现实状况，通过把实际表现同评价标准两相对比，就能找出单位工作和个人发展中存在的问题和不足，明确今后努力的方向。

另外，自觉运用管理评估方法，有利于加强思想政治教育制度化、规范化建设。在以经济建设为中心的新的历史时期，现代思想政治教育具有相对稳定的目标内容与任务要求。把这些内容与要求以评估指标体系的形式确定下来，周期性地进行评估检查，体现了思想政治教育工作的建设意识，可以使日常思想政治教育做到经常化、制度化、规范化。

重视评估方法的实际运用，开发管理评估的思想政治教育功能，是思想政治教育理论研究与实践探索长期受到关注的一个问题。但效果还众说纷纭，应用范围也还比较有限，关键是在具体操作方法上还有诸多问题亟待解决。研究思想政治教育与业务工作有机结合的机制与方法，摸索对人的思想行为进行定性定量考察的可行办法，提高思想政治教育评价活动的科学性，增强通过管理评估促进人们思想道德素质提高的有效性，进一步推广符合社会走向民主化、法制化要求的管理评估方法，是现代思想政治教育方法发展的又一重要任务。

**(四) 创新思想政治教育的网络载体**

因特网是全世界最大、覆盖面最广的计算机互联网络。它采用统一的通信语言把众多的局域网和广域网连成一片，构成一个现代的信息超级市场。只要轻点鼠标，进入网络，人们就被卷入了信息的海洋。网络中拥有极其丰富的信息资源，是信息的现代载体，对人类社会的政治、经济、文化以及人们的思想行为发生着重要的影响作用。

计算机网络的出现，拓展了人类的生存空间，发展了人们的社会交往关系，丰富了人的本质的内涵。同时，为人类的实践活动提供了新的手段与工具，极大地推动了社会政治、经济、文化的发展，也拓展了思想政治教育的空间和渠道，为思想政治教育运用网络载体提供了可能。

第一，网络上丰富的共享信息和多种多样的信息形式，为开展思想政治教育提供了可资利用的巨大信息资源。利用这些信息资源，教育者不仅可以提高自身素质，及时更新教育内容，还可以选择那些与人们工作、学习、生活、就业相关的信息，为教育对象提供服务，增强思想政治教育的服务功能。

第二，网络的开放性、交互性、及时性等特点，有助于迅速、准确地了解人们的思想情绪和他们关心的热点问题，增进相互沟通，增强工作的针对性。

第三，网络参与的平等性和非强制性，有助于人的主体性的发挥，对于网上的思想政治教育信息，人们能够自主地根据自己的需要主动点击、浏览、下载。在这个过程中，淡化了教育者和被教育者的身份界限，克服了思想政治教育中经常出现的逆反心理，增强了思想政治教育的亲和力，为思想政治教育和人们的自我教育提供了有效平台。

第四，网络以图、文、声、像等形式形象、生动、逼真地表现教育内容，增强教育内容的感染力和吸引力。心理学研究表明，人们在认识某一事物时，只用听觉能够认识事物15％的特征，只用视觉能够认识事物 20％的特征，而视觉、听觉并用则可以认识事物65％的特征。运用网络的超媒体特点，可以最大限度地调动人的视觉、听觉感官参与活动过程，促进人们对思想政治教育信息的感知与接受，从而提高思想政治教育的有效性。

总之，运用网络载体进行思想政治教育不仅是可能的，而且还具有一些其他载体所不具有的优势，为现代思想政治教育带来了新的展现方式，促进了方法的发展和创新。当前，我们要根据"积极发展，充分运用，加强管理，趋利避害"的原则，积极推进思想政治教育进网络工程，充分发挥网络载体的思想政治教育功能。

一是积极抓住我国网络建设的大好时机，加强与政府、新闻单位、社会组织网站建设的协调，充分利用社会网络资源，建立多种形式的网上思想政治教育阵地。

二是努力探索思想政治教育进网络的规律，组织丰富多彩的网上教育活动。利用网络资源组织网上教育活动，针对热点问题组织网上讨论，利用网络开展文化活动、咨询服务活动等。

三是加强网络道德教育和网络行为规范教育，逐步规范网络秩序与网络行为。

四是提高队伍的网络思想政治教育水平。为了适应思想政治教育进网络的要求，需要建设一支有较高的政治理论水平、熟悉思想政治教育，又了解网络文化特点，能比较有效地掌握网络技术，在网上进行思想政治教育的工作队伍。提高思想政治教育工作者的网络知识和技能水平，帮助网络技术保障人员学习必要的思想政治教育理论与方法，使这支队伍能够更好地适应思想政治教育进网络的需要。

# 第四节 选择思想政治教育方法的要求

在思想政治教育的过程中，要根据教育目标的不同要求、教育内容的不同特点，以及教育对象思想问题的性质、存在方式及其产生的原因等情况，选择适当的方法。在选择思想政治教育方法过程中，需要遵循以下准则和要求。

## 一、针对性

针对性就是从实际出发，有的放矢，用不同的方法完成不同的任务，解决不同的问题。选择方法必须注意针对性，强调的是针对不同教育任务，针对不同对象，选择不同的教育方式方法。其实质是要求思想政治教育方法的运用合乎思想政治教育过程的客观规律，合乎人的思想品德形成发展的客观规律，是现代思想政治教育科学性的体现。选择方法的针对性要求，实际上也就是实事求是的原则在思想政治教育方法选择过程中的运用。俗话说"一把钥匙开一把锁""对症下药"，讲的就是针对性。思想政治教育主要应该针对思想政治教育的内容、教育对象的特点和思想实际状况来选择适合的方法。

选择思想政治教育方法，讲究针对性，具体要做到以下几点：

第一，根据思想政治教育的目标任务和具体内容选择方法。方法是人们完成任务、实现目标的工具和手段，是为目标任务服务的，受到目标任务的制约。在思想政治教育过程中也是如此，一定的目标任务总是需要某些特定的方法来完成，一定的方法也总是在适应某些特定的目标任务时才会表现出显著的效果。根据思想政治教育的目标任务选择方法，正是目标任务与具体方法之间辩证关系的要求，体现了思想政治教育方法的合目的性特征。我们知道，思想政治教育的目标任务往往以具体的教育内容来体现，目标清晰、任务明确，教育的内容也就随之清晰、具体。因此，在思想政治教育过程中，根据思想政治教育的目标任务选择方法这一针对性要求，在这里也就转换成了根据教育内容的性质和要求来选择适当的教育方法。

第二，针对教育对象的具体特点选择方法。教育对象有个体和群体之分，年龄、职业、党派、所处社会地位各不相同。在选择思想政治教育方法时，这都是需要考虑的内容。对个体的人进行教育，必须考虑教育对象的文化知识状况、个人经历、家庭环境、个性特点等。比如，教育对象的性格不同，有的豪爽，有的细腻；有的活泼热情，有的孤僻冷淡。还要考虑不同人在思想道德水平方面的差异和思想道德活动特点方面的不同。选择思想政治教育方法时，这些都是不可忽视的因素，方法的运用只能因人而异。

第三，针对具体思想热点问题选择不同的方法。一定时期表现出来的思想热点问题，是人们思想发展变化的反映，往往为思想政治教育提供了重要的教育时机。但教育方法的选择一定要正确把握思想热点的性质，准确判断思想的影响范围和程度，深刻分析引发思想问题的原因，针对思想热点问题的性质、影响程度及其原因采用不同的教育方法。解决思想跟不上形势、一时产生的思想困惑与模糊认识等一般认识问题，和解决违反四项基本原则、坚持资产阶级自由化等政治立场问题，就应该采取不同的方法。属于全局性、普遍性、长远性问题采用解决局部性、个别性、暂时性问题的方法就难以使问题得到真正解决，而解决局部性、个别性、暂时性问题若运用解决全局性、普遍性、长远性问题的方法也未必有效，不仅浪费人力物力等思想政治教育资源，甚至会引起人们的反感、抵触情绪，引发其他新的问题。同样，针对问题形成的原因选择适当的方法也很重要，比如，针对实际生产生活困难引发的思想问题，就要先从解决实际生产生活问题入手，然后再进行思想教育；而针对认识片面引发的思想热点问题，就要加强理论教育，提高思想认识，着重从思想方法的角度进行引导。

## 二、综合性

一方面，现代社会影响人们思想的因素很多、很复杂，变化又快，思想政治教育不能指望靠单一的方法解决问题，而要综合运用各种方法。另一方面，社会环境对人的思想影响的作用加大，思想政治教育因而具有反复性，要克服这种反复性，强化和巩固思想政治教育的成效，也必须采取多种手段。选择思想政治教育方法的综合性要求，就是根据现代社会发展和人们思想活动的特点而提出的。所谓综合性的要求，就是指思想政治教育者在实施思想政治教育的过程中，要综合分析思想政治教育体系内部各要素的特点以及环境因素影响的复杂性特点，同时或先后选择一种以上的教育方法运用于教育过程，并在把握不同教育方法各自特点及共同趋向的基础上，进行有效的协调综合，有机地构成为共同教育目标、工作任务服务的统一性方法体系，形成整体性优势和综合性效果。

现代思想政治教育之所以强调方法运用的综合性，主要是因为：

第一，影响人们思想行为发展变化的因素是复杂的、综合的，要应对这些互相联系、互相制约的主客观条件和各种复杂因素的影响，唯有选择多种教育方法加以综合运用，才能保证产生实效。

第二，人们参与的社会活动是多方面的，接触的人物、事物是多方面的，接受的信息是多方面的，因此需要思想政治教育者了解和引导的内容和方法也必然是综合性的。只有跟上时代潮流的变化，能够从各个方面引导教育对象，才能适应现今社会对思想政治教育者的要求。

第三，随着现代科技的迅速发展，社会各项工作和研究领域都出现了社会化和综合化的倾向，单一的学科、单一的工作，已经让位于学科的互相渗透和交叉与工作的综合联系。现代思想政治教育应该适应这种整合发展趋势，多兵团作战，多方法配合，以系统科学的思维方式构建思想政治教育工作体系与方法体系，强化方法的系统运作、整体协调，形成教育合力和综合优势，不断增强方法运用的有效性。

思想政治教育方法的综合性运用，其实质是多种方法在思想政治教育过程中如何构成协调、有序的关系，形成教育合力，产生综合效果。根据在具体教育过程中所构成的不同关系，思想政治教育方法的综合运用形成了多种具体的综合方式。主要有主从式综合方式与并列式综合方式，协调式综合方式与交替式综合方式，渗透式综合方式与融合式综合方式。选择思想政治教育方法的综合性要求，就是要根据不同的教育任务、教育内容以及教育对象、教育环境条件的不同特点选择具体的综合方式。

## 三、创造性

方法的创造性发展，是人的认识能力、实践能力得到发展的具体体现。思想政治教育方法的发展史，就是随着思想政治教育实践的不断发展，古今中外思想政治教育工作者对思想政治教育方法继承和创新的过程。现代思想政治教育工作者，更应该不断研究新情况，创造性地运用传统的教育方法，总结和探索新的教育方法。

方法是联系理论与实践的桥梁，是理论与实践相互转换的中介。理论具有普遍性，而人的实践活动具有特殊性，一般性的理论能解决特殊性的实践问题，靠的就是方法的创造性运用。思想政治教育作为人类的一种实践活动，以人的思想活动为其工作对象、实践领域，较之一般的实践活动更具有特殊性和复杂性。因此，对方法选择运用的创造性要求更高。不仅如此，现代社会发展变化的速度越来越快，人们的思想道德领域新情况、新问题层出不穷，现成的教育方法往往难以直接解决，只有克服教条主义和经验主义，对已有方法进行创造性改造，才能适应思想政治教育的现代发展步伐。

我国正在进行的改革开放，是一场深刻的社会变革。人们生活环境的变化，引起了人们的生活方式、思维方式、行为方式和思想观念的巨大变化。思想政治教育必须根据这些新情况，实现思想政治教育方法的创新。如果无视历史条件的变化，把特定历史条件下产生的具体方法绝对化，拒绝研究新情况，就会导致思想方法僵化，在新的历史条件下被淘汰。

选择思想政治教育的方法的创造性要求，具体表现为以下几个方面。

第一，坚持解放思想、实事求是、与时俱进的思想路线，以增强思想政治教育的实效性为基本要求，自觉研究新情况，解决新问题，探索新方法。现代社会发展的丰富内容和复杂情况，要求人们勇于开拓和创新，注重效果和效益，运用系统的思维方式，通过方法的创新，从整体上思考问题，预见问题，解决问题。现代思想政治教育的对象和环境都在不断地发生着变化，试图用过去曾经发挥过积极作用、取得过良好效果的方法，来解决现代思想政治教育面临的新任务、新课题，只能是幼稚的幻想。不重视方法选择运用的创造性，必定跟不上社会进步和思想政治教育发展的步伐，也难以适应教育对象和教育环境的新要求。

第二，吸取和运用现代科学研究成果，创新思想政治教育方法。思想政治教育方法不仅以马克思主义理论为指导，也以哲学、心理学、教育学等学科理论为基础，这就需要不断综合运用这些相关学科所取得的新的研究成果，丰富和发展适应现代化要求的思想政治教育的科学方法论体系。

第三，运用现代科学技术成果，实现教育手段的现代化。家庭电脑的出现和不断改进，多媒体技术的普及应用，互联网信息的迅速发展，为思想政治教育提供了更加丰富的载体和条件。在这样的新的基础上，思想政治教育必须掌握这些新的手段，改进和更新方法，以取得理想的教育效果。

在选择思想政治教育的方法时，必须具有这样的创新意识，才能把握和运用适合现代化需要的教育方法。

# 第五章　高校思想政治教育的教学内容构建理论

## 第一节　高校思想政治教育的基础知识与主导内容

明确大学生思想政治教育的内容，是做好大学生思想政治教育工作的基本前提。思想政治教育内容是大学生思想政治教育目标的具体体现，思想政治教育内容的构建直接关系到思想政治教育目标的实现。

### 一、大学生思想政治教育的基础内容

根据中央有关文件的规定，当前大学生思想政治教育的基本内容应包括：世界观、人生观和价值观教育，中国精神教育，公民道德教育和素质教育。在这四个基本内容中，世界观、人生观和价值观教育是先导，中国精神教育是基础，公民道德教育是重点，素质教育是核心。

#### （一）世界观、人生观、价值观教育的内容

1. 世界观教育

世界观是人们对整个世界的根本看法和根本观点。马克思主义世界观是以整个世界为研究对象，是研究自然界、人类社会和人类思维的发展规律所得出的结论，是人类认识世界、改造世界的锐利武器。

马克思主义世界观教育是思想政治教育内容中带有根本性的教育，是思想政治教育的核心内容，主要体现于辩证唯物主义教育、马克思主义认识论教育和历史唯物主义教育之中。

（1）辩证唯物主义教育

马克思、恩格斯创立的辩证唯物主义是唯物主义和辩证法的有机结合。辩证唯物主义的基本观点是世界统一于物质性，意识是对物质世界能动的反映，物质世界是普遍联系和永恒发展的，对立统一规律是宇宙的根本规律等。进行辩证唯物主义教育，就是帮助人们

掌握辩证唯物主义的基本观点并利用这些观点去认识问题和处理问题，最主要的就是帮助人们正确把握物质和意识的关系，坚持解放思想、实事求是的辩证唯物主义原则，教育人们用联系的、发展的、全面的观点看问题，掌握矛盾分析法这一最根本的认识方法。进行辩证唯物主义教育，可以使人们树立辩证唯物主义的基本观点，从而提高人们认识世界和改造世界的能力。

（2）马克思主义认识论教育

马克思主义认识论是将实践观点引入认识论，科学揭示人类认识和思维发展规律的科学。马克思主义认识论的基本观点有：物质世界是不以人的意识为转移的客观存在；实践是认识的来源、目的、动力，认识是人脑对客观世界的能动反映；认识不仅反映客观世界，而且能动地反作用于客观世界。因而，进行马克思主义认识论教育，最主要的是要自觉坚持实事求是的思想路线，在实践中检验真理和发展真理，使无产阶级和劳动民众的主观认识与客观实践保持具体的历史的统一。

（3）历史唯物主义教育

历史唯物主义即社会历史观上的辩证唯物主义。它解决了社会历史观的基本问题，揭示了社会生活的客观性和社会发展的辩证法。历史唯物主义为研究社会生活和社会历史，为分析和考察社会生活中的各种错综复杂的现象及揭示其本质，提供了科学的理论基础和方法论指导。进行历史唯物主义教育，最主要的是帮助人们正确认识社会发展的基本规律，坚定社会主义信念，积极投身于社会主义现代化建设事业。

2. 人生观教育

人生观是指人们对人生目的和意义的总的看法和根本态度。马克思主义人生观是以实现共产主义崇高理想为人生最高理想、以全心全意为人民服务为人生的最高目的的人生观，因而它是人类历史上最科学、最进步的人生观。列宁指出："我们的主要目的是锻炼严整的革命人生观"。人生观教育主要包括人生理想教育、人生目的教育和人生态度教育三个方面。

（1）人生理想教育

马克思主义人生观是以实现共产主义为社会理想的。共产主义理想作为共产主义人生观的精神支柱，是大学生坚定人生信念、明确人生发展方向的力量源泉。因此，进行人生观教育，最核心的就是要进行共产主义理想教育，引导大学生明确人生的奋斗目标，帮助大学生树立共产主义理想。在人生理想教育中，要注意层次性，既激励大学生胸怀远大理想，把理想和现实结合起来，为共产主义理想的实现积极创造条件，又把社会理想和个人理想结合起来，引导大学生在为实现崇高的社会理想而奋斗的过程中实现自己的个人理想。

（2）人生目的教育

人生目的是指人们在社会实践中关于活动的对象性的根本看法。以全心全意为人民服务为人生目的,是马克思主义人生观的核心,它主要包含站在人民的立场上立身处世、以人民的利益为言行的宗旨和尊重人民的主人翁地位三大基本内容。进行人生目的教育,就是要对大学生进行树立全心全意为人民服务思想观念的教育。具体来说,就是要教育大学生正确处理个人和集体、个人利益和集体利益的关系,一切从人民利益出发,以个人服从集体、个人利益服从集体利益为思想行为准则;要引导大学生尊重人民群众的主人翁地位,支持人民群众的首创精神,虚心向人民群众学习,坚持走群众路线。

（3）人生态度教育

人生态度就是人们对人生问题所持有的较为稳定的评价和倾向。人生态度是多种多样的。马克思主义认为,对人生应持有积极进取的态度,才能使人生发展获得成功。斯大林说过,列宁的人生态度是革命胆略和求实精神相结合的典范。因此,进行人生态度教育,就是要教育和引导大学生确立积极进取的人生态度,选择与人民群众和社会实践相结合的正确人生道路,把正确的人生观念转化为积极的人生实践;要始终保持坚定的生活信念和顽强的革命斗志,经得起苦乐、成败、荣辱以至生死的考验,自觉地在艰苦奋斗中磨炼自己,在社会主义革命、建设和改革的伟大事业中创造出无愧于时代的人生价值。

3.价值观教育

价值观是指人们对人生目的和实践活动进行认识和评价时所持的根本观点和看法。作为一个历史范畴,不同社会、不同阶级的人们,具有不同的价值观;即使是同一社会、同一阶级的人们,也会有不同的价值观。因此,对价值观应当具体地、历史地分析。进行价值观教育,就是要教育和引导大学生明确人生价值,努力为社会尽责,对社会作出应有的贡献。一般而言,价值观教育主要包括人生价值目标教育、人生价值评价教育和人生社会责任教育三个方面。

（1）人生价值目标教育

人生价值目标是人生的社会目标、道德目标、职业目标、成就目标和生活目标的统一体其中社会目标是根本目标,决定和影响着其他目标。崇高的人生价值目标,不仅起着科学的人生定向定位作用,而且具有鼓舞斗志、焕发内驱力和升华人生价值的巨大效能。因此,进行人生价值目标教育,关键是要教育和引导人们正确选择人生价值目标。人生价值目标的最优选择,必须符合事物发展的客观规律。人生价值目标的选择,还应当是责任和权利的统一、义务和权利的统一,这正是马克思主义人生价值目标的基本内涵。可见,进行人生价值目标教育,归根结底就是要教育和引导大学生树立马克思主义价值目标,坚持责任与权利、义务与权利的有机统一。

（2）人生价值评价教育

人生价值评价是指人们依据一定的人生价值标准,通过社会舆论和个人的心理活动,对他人或自己同社会的行为关系作出有无积极意义和意义大小的判断。马克思主义认为,衡量人生价值的主要标准是对社会的贡献,完成时代任务是实现人生价值的主要舞台;一个人只有树立起无私奉献的人生价值观，才能有壮丽的事业和人生。因此，进行人生价值评价教育，关键在于教育和引导大学生处理好贡献和索取的关系。总的来说，一个人的贡献应大于他的索取，才有社会价值，社会才能发展。也就是说，只有当一个人的贡献大于他的索取，他才既有社会价值又有自我价值，人类社会才能不断进步。

（3）人生社会责任教育

人生行为的本质规定就在于它是作为体现一定的社会关系而存在的，现实生活中的每一个人都要对他人和社会履行一定的义务、承担一定的责任。人生社会责任就是指人在社会关系中所应承担的扮演不同社会角色的职责和任务，具有明确的规定性、一定的强制性、与物质利益的相关性和与精神生活的联系性等特点。因此，进行人生社会责任教育，既要教育和引导大学生强化自己的社会责任感，热切关注祖国的前途命运，又要教育和引导大学生勇于斗争、敢于创新，在艰苦奋斗中实现人生的社会责任。只有教育大学生正确认识和处理好个人奋斗与集体奋斗的关系，才能真正实现人生的社会责任。

**（二）中国精神教育**

人是要有一点精神的，一个国家和民族更是这样。一个国家要立国强国，一个民族要繁衍发展，不可不有厚重而强大的精神力量。当今时代综合国力的竞争越来越体现在文化软实力的较量上，越来越体现在民族凝聚力、向心力、创造力的较量上，因此各国都更加关注本国文化的发展，都更注重在民众中弘扬国家精神。中国精神作为一种国家精神，生发于中华文明传统、积蕴于现代中华民族复兴历程，特别是近些年中国快速崛起中迸发出来的具有很强的动员与感召效应的精神及其气象，是中国软实力的重要显示。在新的历史时期，我们党适时提出实现中华民族伟大复兴的"中国梦"的奋斗目标，2013 年 3 月 17 日，第十二届全国人民代表大会第一次会议的闭幕会上，习近平在讲话中指出，实现"中国梦"必须弘扬中国精神，这就是以爱国主义为核心的民族精神，以改革创新为核心的时代精神。

中华民族拥有五千年的文明史，形成了强大的民族精神和时代精神，激励一代又一代人不懈奋斗。实现中华民族伟大复兴的梦想，大力弘扬中国精神，需要我们进一步挖掘、阐释、提升中国精神的丰富内涵。

**（三）公民道德教育**

社会主义道德建设是发展社会主义先进文化的重要内容。大学生群体对推动社会主义道德建设有着极为重要的表率和示范作用。当前，我们在大学生中提倡和贯彻以社会公德、职业道德、家庭美德为着力点的社会主义道德教育，对于形成良好的社会道德风尚，促进物质文明与精神文明协调发展，全面推进建设中国特色社会主义伟大事业，具有十分重要的意义。

1. 社会公德教育

社会公德又称为公共生活规则，它是人们在一定经济条件下，在经济活动与一般社会生活中应当遵守的起码的道德规范和行为准则，是法律得以正常运作的一种有效的支持和补充。社会公德是在人类公共生活的实践中产生，由人们世代相传并得到不断补充和发展的，它的任务在于保证整个社会生活的正常进行，防止危害公共生活的不良道德现象的产生和泛滥。它覆盖了人与人、人与社会、人与自然之间的各种关系，是社会工作、学习、生活能正常进行的重要条件和重要保证，是一个国家和民族文明程度和道德风貌的显著标志，也是培养社会主义精神文明和造就社会主义建设者的重要内容。在社会主义市场经济条件下，我们要在大学生群体中大力倡导以文明礼貌、助人为乐、爱护公物、保护环境、遵纪守法为主要内容的社会公德，鼓励他们在社会上做一个好公民。当前，加强对大学生进行社会公德教育，主要从以下几个方面开展工作。

（1）营造良好的舆论氛围

人是社会动物。一个人从出生到成年，会形成一定的思想道德观念，并且都要受到社会舆论氛围的各种影响。大学生群体正处于对外界影响触觉最为敏锐的年龄阶段，要对大学生开展社会公德教育，营造良好的舆论氛围是不可少的重要条件。在工作中重视校园舆论工具的作用，发挥报纸、电台、电视台等媒体的作用，尤其是重视网络建设和监督管理，以正面宣传为主，弘扬正气，为社会公德建设创造良好的舆论环境。

（2）建立有效的激励机制

加强大学生社会公德教育很重要的一个方面就是要使社会公德行为发扬光大，成为社会的主导行为。大学要从制度上采取相应的措施来保护和鼓励有良好社会公德行为的大学生，建立有效的激励机制，保证他们在经济生活、政治生活、文化生活上得到应有的待遇，在人格方面得到应有的尊重。

（3）教育大学生"从我做起，从小事做起"

"从我做起"，就是要努力提高个人素质，不断增强社会公德意识，自觉地同违反社会公德的不良行为作斗争。"从小事做起"，就是要践行"不以恶小而为之，不以善小而不为"的古训，从身边一点一滴的细节开始，严格要求自己。只有切实做到"从我做起，从小事做起"，才能真正地使大学生的社会公德意识转化为外在的行为。

2. 职业道德教育

职业道德是所有从业人员在职业活动中应该遵循的行为准则，涵盖了从业人员与服务对象、职业与职工、职业与职业之间的关系。随着现代社会分工的发展和专业化程度的增强，市场竞争日趋激烈，整个社会对从业人员职业观念、职业态度、职业技能、职业纪律和职业作风的要求越来越高。大学生是社会主义各项建设事业的后备力量，可以说，他们的职业道德水准直接决定着我国各项建设事业的未来。因此，我们要在大学生群体中大力倡导以爱岗敬业、诚实守信、办事公道、服务群众、奉献社会为主要内容的职业道德教育，鼓励他们在工作中做一个合格的建设者。结合当前大学生群体的实际情况，要从以下几个方面对大学生进行职业道德建设。

（1）培养大学生形成正确的职业价值观念

培养大学生形成正确的职业价值观念是大学生职业道德教育的重要前提。通过大学生喜闻乐见的各项活动，如专家讲座、知识竞赛、演讲比赛、辩论赛等方式，结合社会实际情况，使大学生树立"职业无贵贱"的基本价值观，进而形成"爱岗敬业、诚实守信、办事公道、服务群众、奉献社会"的职业道德。

（2）通过实践提升大学生的职业道德素质

大学生职业道德教育不能局限于学校课堂的空泛说教，要走向社会实践。比如，公益劳动、社会调查、社会服务、勤工助学、专业实习等，都是职业道德教育的好形式，通过组织这一系列社会实践活动，充分发挥学生的主观能动性，将他们引到社会的现实中去感受，寻找自我价值实现与社会需求的结合点。

（3）注重发挥榜样的激励作用

在职业道德的教育过程中，学校可以邀请社会上一些爱岗敬业、服务群众、奉献社会的优秀毕业生、成功人士做生动的报告来激励大学生，激发他们学习先进典型，自觉加强职业道德修养的积极性，也为他们日后走上工作岗位奠定良好的思想基础。

**3. 家庭美德教育**

家庭美德是每个公民在家庭生活中应该遵循的行为准则，涵盖了夫妻、长幼、邻里之间的关系。家庭是社会的细胞组织，家庭成员之间的良好的道德关系，是建立整个社会良好道德关系的基础，也是建设社会主义和谐社会的基础。家庭美德的内容渗透在家庭生活的各个方面，以尊老爱幼、男女平等、夫妻和睦、勤俭持家、邻里团结为主要内容，鼓励人们在家庭里做一个好成员。家庭美德是整个社会主义道德体系的重要组成部分，它是保证人民幸福生活，促进社会健康文明发展的保障，对于构建社会主义和谐社会具有重要意义。

（1）以人为本，重视情感教育

家庭生活是一个人人生的重要组成部分，也是重要的情感港湾。大学生家庭美德教育要结合大学生的年龄特点，以人为本，体现人文，在情感教育中渗透家庭美德教育。所谓情感教育，就是要让学生去体验诸如交往、信念、尊敬、同情、悲哀、快乐、爱和互动等情绪、情感的教育。这样的教育将人的情绪、情感汇合在一起形成一种"情感文明"。学生们形成情感文明，就等于有了多样的生活体验，从而有了自我独立判断和选择的能力，学会自己面对人生，创造生活。一个具有丰富情感和情操的人，会自觉坚守人伦之初的家庭美德。

（2）重视和发挥传统美德的积极作用

中华民族的传统美德是中华民族几千年积淀的优秀道德遗产，是精神文明的精华。传统的家庭美德在促进人与人之间的和睦团结和社会的和平稳定中发挥了重要作用，是维系中国社会发展和民族文明长期存在的巨大精神支柱。在社会主义市场经济条件下，尊老爱幼、勤劳俭朴、互谅互让等传统美德依然具有强烈的现实意义，要引导大学生回归传统精华，对大学生进行中华民族传统美德教育。

**（四）素质教育**

素质教育是以社会和人的发展需要为依据，以人的全面发展为目标，以提高人才素质作为重要内容的教育。在人才培养上，素质教育更加重视学生人文精神的培育，人格的健全和完善，能力的提升和素质的提高。

从重视传授知识到既重视传授知识又重视培养能力、发展素质是教育思想的一大突破，素质教育是思想政治教育理念的创新，在教育理论与实践的发展中具有划时代的意义，是社会发展的需要。在科学技术竞争日趋激烈的形势下，应当具备丰富的知识，而缺乏能力和素质的人才不能被称为健全的人才。从人才培育的角度讲，知识的传授固然重要，人才素质的提高更不容忽视。素质教育是集知识传授、能力培养、人格塑造为一体的综合教育。加强大学生素质教育。有利于充分挖掘受教育者的潜能，有利于大学生迎接社会化、一体化等发展趋势。

## 二、大学生思想政治教育的主导内容

所谓主导性内容，是指体现思想政治教育的方向和性质，在思想政治教育中居于核心地位、起主导作用的内容，大学生思想政治教育的主导性内容包括思想理论教育、法纪教育、形势政策教育等。

**（一）思想理论教育**

思想理论即指导思想和基本理论，我们所说的思想理论是马克思列宁主义、毛泽东思想和中国特色社会主义理论体系。在思想政治教育中起着基础性的、导向性的作用。

马克思主义是无产阶级认识世界和改造世界的世界观，同时也是方法论。它属于无产阶级的思想观念，是科学的思想理论体系。马克思主义是社会主义主流价值观的灵魂，是中国共产党的理论基础，同时它还是中国特色社会主义建设的指导思想。

马克思主义理论教育既包括马克思主义哲学、政治经济学和科学社会主义理论的教育，又包括毛泽东思想、邓小平理论、"三个代表"重要思想、科学发展观与习近平总书记系列重要讲话精神的教育。我们始终坚持理论联系实际，实事求是，具体问题具体分析的方法，科学地将马克思主义同我国具体实践相结合，进而形成了一系列马克思主义中国化的理论成果，包括：毛泽东思想、邓小平理论、"三个代表"重要思想、科学发展观与习近平总书记系列重要讲话精神。这些体系是一脉相承又与时俱进的科学体系。毛泽东思想是被实践证明了的中国革命与建设的理论与经验总结，是马克思列宁主义在中国的运用与发展，作为中国共产党的指导思想，是中国共产党集体智慧的结晶，是中华民族最为宝贵的财富。毛泽东思想活的灵魂，是贯穿于毛泽东思想各个组成部分的立场、观点和方法，它们有三个基本方面，即实事求是、群众路线、独立自主。其中，实事求是是毛泽东思想的精髓，群众路线是中国共产党的根本路线，独立自主是中国革命和建设的基本立足点。以邓小平为代表的中国共产党人在坚持毛泽东思想的基础上，创立了建设有中国特色的社会主义的理论，开辟了马克思主义在中国的发展，即邓小平理论。邓小平理论是科学的理论体系，它第一次比较系统地回答了中国社会主义的发展道路、发展动力、发展阶段、政治保障、外部条件、根本任务、战略步骤以及党的领导、依靠力量和祖国统一的问题。"三个代表"重要思想是对马列主义、毛泽东思想以及邓小平理论的继承与发展，是我们党的立党之本、执政之基、力量之源。"三个代表"重要思想是推动中国特色社会主义事业发展的强大的理论武器，反映了当代世界和中国的发展变化条件下党和国家的工作要求。"三个代表"重要思想是我们党必须长期坚持的指导思想。科学发展观是以胡锦涛为核心的第四代中央领导集体，在总结我国历史发展经验并借鉴国外发展经验的基础上立足于我国社会主义初级阶段的基本国情基础上提出来的。科学发展观，第一要义是发展，核心是以人为本，基本要求是全面协调可持续，根本方法是统筹兼顾。科学发展观是马克思主义中国化的最新理论成果，是关于发展的世界观和方法论的集中体现，是发展中国特色社会主义必须坚持的重大战略思想，同时是我国经济社会发展的重要指导方针。习近平总书记系列重要讲话有"一个中心、两个基本点"。"一个中心"即实现"中国梦"，"两个基本点"即全面深化改革和坚持群众路线。习近平总书记系列重要讲话是一个不断发展的、开放的理论体系，学习贯彻讲话精神是一个持续推进、逐步深化的过程。

### （二）法纪教育

#### 1. 民主法制教育

民主法制教育是大学生思想政治教育的重要内容。它既是和谐社会的标志、条件和构建和谐社会的推进器，也是消除社会不公平和社会矛盾、促进社会公平正义的根本保障。提升国民的民主法律素质，特别是对大学生进行民主法制教育是构建民主法治的社会主义和谐社会的关键。

大学生是和谐社会的重要实施者和建设者，其民主法律素质直接关系到社会主义和谐社会建设的进程。对大学生进行民主法制教育，必须将两者结合起来。民主、法制是辩证统一的，民主是出发点，是法制的基础和价值体现，法制是民主的保障和手段，是民主的体现。同时，要以培养民主精神为主线，体现平等、助人和自由精神以及以法律信仰为核心，使自己懂法守法。在社会主义社会建设中，民主是实现社会和谐的重要条件，社会主义民主是社会主义和谐社会的制度之源，法制是社会和谐的基本保障。民主法制意识对大学生的政治观、价值观、行为模式的养成具有现实的指导作用。青年学生只有在提高文化素质的同时，提高民主法律素质，增强民主法制观念和社会责任感，提高民主决策和监督管理的意识，培养体现民意、保障民权的观念，提高依法办事、遵守纪律、清正廉洁的素质，才能成长为具有民主作风、法制观念和清廉之风的新一代后备力量。

**2. 权利义务观念的教育**

权利和义务是从法律规范到法律关系再到法律责任的逻辑关系的各个环节的构成要素。权利和义务是法律规范的核心内容。权利义务的规定性是法律内容的主要表现。它规定人们可以做什么，必须做什么，不能做什么。加强大学生权利义务教育，可从通过理论说服教育和行为规范教育来进行，通过思想政治理论课的法律专题教学，有针对性地对大学生进行正确的权利义务教育，培养大学生理性的权利和责任意识，教育大学生履行遵守法律、法规、学校的管理制度、行为规范、社会公德及尊敬他人、努力学习、缴纳学费等义务。我国现行法律和新修订的《普通高等学校管理规定》等不仅规定了大学生的权利，也规定了大学生应承担的义务和责任。例如，明确规定了缴纳学费及有关费用，按时偿还国家或学院为其提供的贷学金及助学金等义务，未按学校规定缴纳学费的不予注册（家庭经济困难的须办理手续后注册）等。

大学生树立正确的权利义务观，有利于良好行为习惯的形成，从而推动文明学风和校风建设。正确地认识权利、义务可使大学生懂得自己与他人、集体与社会的关系，认识到自己享有权利的同时也承担着对他人、社会和国家的义务，而享受权利的前提是履行义务，只有尊重他人的权利，自己的权利才能得到尊重和实现，认识到社会稳定发展与自身发展的关系。

**3. 人人平等观念的教育**

1982 年 8 月，邓小平在中央政治局发表的《党和国家领导制度的改革》中也指出：公民在法律和制度面前人人平等不仅是"人人有依法规定的平等权利和义务，而且谁也不能犯法。谁犯了法，都由公安机关依法侦查，司法机关依法办理，任何人不允许干扰法律的实施，任何犯了法的人都不能逍遥法外"。

法律面前人人平等是我国宪法明确规定的基本原则之一，也是社会主义法治观念的核心内涵之一。树立平等意识是人文精神的重要内容，平等观念也是维护人与人和谐共存的前提。大学生价值观中，平等观念非常强烈，具体体现为平等竞争、平等就业及教师对待学生的平等意识，教师要尊重学生的主体意识等。人人平等，是社会进步的标志；追求平等，保护平等是每位大学生的职责。

**（三）形势政策教育**

形势政策教育是思想政治工作的一项经常性内容。形势是社会发展的态势，政策是党和国家为实现一定时期的路线、方针、政策而制定的行动准则。形势是制定政策的依据，政策是引导人们行动的指针，能够影响形势的发展。

形势政策教育的基本要求是：

第一，加强党的基本路线、基本纲领、基本经验教育，使学生学会正确分析国际国内形势，科学理解党的政策及其可行性。

第二，针对人们关注的热点、焦点问题及时开展教育，使学生及时了解重大事件及其产生的影响，帮助学生形成正确的政治立场、政治态度，增强大学生社会主义现代化建设的决心和信心。

第三，使大学生掌握认识形势与政策问题的基本理论和基础知识，如马克思主义的形势与政策观、科学分析形势与政策的方法论、政策的产生和发展、政策的本质和特征等基础知识。

形势政策教育为大学生们形成正确的形势政策观提供理论和方法指导，有利于学生科学的形势政策观的形成，为以后独立把握好形势政策的发展趋势和大局，积累经验和智慧。

## 三、大学生思想政治教育的创新内容

历史经验反复证明，社会转型和社会变革之时，也是思想观念活跃和发展的时期。当前，我国的社会思想处于多元并存状态，在多种思想文化相互交织、相互激荡的复杂背景下，部分大学生开始出现了意识冷漠、信仰模糊、信念动摇、信心不足、信任下降的状况，社会开始面临着严重的信仰危机。这客观上要求我们必须高度重视，通过内容创新，开展卓有成效的大学生思想政治教育，不断增强思想观念的自我强化功能，为巩固和发展中国特色社会主义事业服务。

### （一）生命教育

#### 1. 生命教育的含义

生命教育有广义与狭义两种：狭义的生命教育指的是对生命本身的关注，包括个人与他人的生命，进而扩展到一切自然生命；广义的生命教育是一种全人类的教育，它不仅包括对生命的关注，而且包括对生存能力的培养和生命价值的提升。

生命教育的内容包括：

第一，生存意识的教育。正确理解生命、生存和生活的内涵，也就是尊重生命、珍惜生命的教育。具体又包括生命安全的教育、生活态度的教育以及死亡体验的教育；

第二，生存能力的教育。主要在于对环境的适应能力、抗挫能力以及安全防范和自救能力的提高；

第三，生命价值升华教育。要重视培养大学生端正人生态度，认真生活，快乐学习和工作。还要注重大学生的审美教育，让大学生在审美的过程中体验人生的价值和意义。

生命教育属于思想政治教育的范畴，然而，在我国大学生思想政治教育工作中它却一直是一个盲区。随着我国市场经济体制的建立和迅猛发展，近些年来，大学生在学习、就业、情感、人际关系等方面出现了众多问题，犯罪、自杀现象时有发生并有上升趋势，大学生心理问题日渐凸显，人们开始对生命教育的认识提起重视。如何有效地在大学生中开展生命教育是学校教育特别是大学生思想政治教育的一项崭新课题。对大学生进行生命教育，目的是帮助大学生学会尊重生命，欣赏生命，珍惜生命，提高生命质量，创造生命价值,并将自己的生命融入社会主义现代化建设事业之中。

2. 大学生生命困境

生命不是以突兀的形态存在的,她需要一个永恒的归宿点,使其得到安歇;她需要一个向善的理由和可能性,以摆脱生命价值的虚无;她需要一个良好的导引机制,以使其能顺利成长。对大学生生命困境的各种镜像进行归纳,可以归结为生命价值观的偏离、生命抗压能力的脆弱、生命情感世界的危机等。

(1)生命价值观的偏离

生命观主要包括生命价值观、生命质量观、幸福观、死亡观等内容,其中,生命价值观是生命观的核心要素。只有树立了正确的生命价值观,人们才会正确地看待人生中的诸多问题。我国大学生对生命的主流价值观基本上是正确和积极的,但实际上又存在着不容忽视的价值观偏离现象,如对人生目标模糊、生命幸福感偏低、生命神圣感缺失、生活缺乏乐趣和意义、生命价值取向功利化、生命交往趋向封闭,对其他生命体缺乏信任、对未来缺乏信仰,自我中心主义严重等。

大学生生命价值观的偏离,很大程度上源于大学生自我同一性建构的缺失。自我同一性是指生命个体将"理想的我"和"现实的我"、"主观的我"和"客观的我"相统一的过程,表现为个体的生命主观感受和外界客观评价一致的程度。人的一生都在寻求这种同一性,这种寻求即不断"自我追问"的过程。大学生正处于自我同一性形成的关键时期,如果这一时期自我的同一性不能恰当地统合和构建,就非常容易产生自我的迷失感,甚至失去人生的动力和奋斗的目标。自我同一性对生命价值观的形成和正确生命行为的择取具有统合和引导作用。因此,如何才能引导青年大学生形成正确的自我同一性是生命教育的重要内容。为此,需要引导学生确立人生理想,尝试各种可能,积极与人沟通,寻求支持系统,并保持自我发展的开放性和灵活性,从立体和多维的角度看待个体生命行为的绵延。

(2)生命承压能力的脆弱

大学生的压力与焦虑产生的最直接渊源便是人生的挫折。人生不如意之事常十之八九,每个人在人生的道路上总会遇到这样或那样的挫折。大学生面临的人生变化和选择相对较多,因而挫折感也更加强烈。不同的人经受同一强度的挫折,会有不同的反应,就像巴尔扎克所说的挫折就像一块石头,对弱者来说是绊脚石,让你却步不前;而对强者来说,却是垫脚石,使你站得更高。这与他们的抗挫折能力有关。挫折承受力是指个体适应挫折、抵御和对待挫折的一种能力。挫折承受力低的人,往往一遇到挫折就会陷入不良情绪的困扰中不能自拔,而不是积极地排解失败感,寻求解决的途径。大学生抗挫折能力普遍比较脆弱。一些无足轻重的小小的挫折和打击,在他们眼里往往成为洪水猛兽。他们无力应对,难以承受,精神崩溃,意志消沉,自暴自弃,有的甚至对人生失去信心,误入歧途而放弃生命。因此,大学生的挫折承受力会影响他们对生活的体验和信心,从而影响他们健康生命观的建立。

（3）生命情感世界的危机

首先，情感具有两极性。即人们在一定情境中表现出的情感具有对立性——积极性和消极性。积极的情感能够激励人们去顽强拼搏，创造辉煌，而消极的情感则使人的意志消沉，对生活失去信心，降低人的正常活动能力。其次，情感具有稳定性。情感不是一种被动的内心体验，而是主动地调节积极和消极情感而达到一种稳定的平衡状态。长期处于一种过于亢奋或消沉的不平衡状态中并不利于人的正常发展。大学生已经有能力去调节自己的情感以使其保持稳定。再次，情感具有社会性。大学生情感可分为社会情绪和社会情操两部分。社会情绪是指大学生对社会现实和社会现象带有共同倾向的态度和行为反应，是大学生的感性认识；社会情操则是大学生在其社会化过程中逐步形成的对社会的深层次的情感体验，是大学生的理性行为。最后，情感具有感染性。

情感危机指当个体的高级需要长期得不到满足、突然被撤销或客观事物虽满足了个体的某种需要却与另一需要相矛盾，而造成个体一段时间内的混乱或不平衡的一种心理危机。大学生的情感需求可概括为爱与被爱（对父母的依赖、对教师的依赖、对异性的交往需要）和在社会中得到尊重与自我实现的需求，所以，个体情感体系包括：亲情、爱情、友情、师生情和自我实现的情感。大学生情感危机是一个综合的概念，体现了大学生情感体系的无序和混乱状态。调查显示，大学生情感问题体现为亲情比较淡漠；渴望友情，但不会珍惜；责任感缺失；心理承受能力较弱。所以，大学生情感危机的内容可概括为：亲情危机、爱情危机、友情危机、师生情危机和自我实现的危机等。此外，还有自卑、闭锁、抑郁、虚荣等心理问题，既是容易导致大学生情感危机的原因，又是其表现。

3. 加强大学生生命观教育的对策

（1）汲取家庭和社会资源，打造生活教育课程

生命来源于也归根于生活，生命教育就是一种生活教育。日常生活的世界是大学生们充分展现其生命活动的场所，也是他们体验生命存在价值和寻求生命意义的舞台。大学生的日常活动场所包括家庭、学校和社会，由于大学生已经长大成人，逐渐走出家庭、走向社会，因此，社会生活对大学生生命教育的影响越来越深刻。大学生作为家庭、学校以及社会的一分子，必须在群体生活中找到自己的位置，在社会实践活动中追寻生命的价值，不断增强自己的社会责任感和使命感。因此，家庭生活和社会生活都是大学生生命教育最广泛的课程资源。大学生生命教育必须积极开发家庭生活和社会生活中的教育资源。如果大学生命教育课程局限于学校封闭或半封闭的状态，脱离外部的实际环境，将无法满足生命主体的实际需要。所以，生命教育需要学校、家庭和社会形成三位一体的格局和育人模式，其中任何一方都无法唱"独角戏"。

①校本资源的设计与开发。生命既是一个完整的统一体，又是各具特色的个体。生命课程既要从生命的整体需要出发，设计共性的课程；又要适应生命的个性化需要，设计多样化的生命教育课程。学校是学生生活、学习和活动的主要场所，相对于生命课程系统而

言，它是一个大的生态系统，相对于家庭和社会庞大的生命教育体系而言，它又是一个小的生态系统。因此，学校生命教育系统具有中介系统和转化系统的性质，链接着社会的宏观需求和学生的微观世界，它过滤和整合来自家庭和社会生活的资源信息，开发适合自身需求的校本课程，最终作用于学生的生命成长。因此，学校才是汲取家庭和社会尤其是社会资源的主体。因此，学校可以因地制宜开发适用于所有学生的统一课程，不同学科专业可以根据自身的实际情况，开设具有本专业特色的生命教育课程。我国城市和农村、东部和西部在经济、文化等方面存在显著差异，各个学校的社区环境、办学条件以及师生文化等方面也存在差别，因此，学校需要对影响课程实施的各种因素进行全面的、系统的思考，合理高效地利用社会资源，实现大生态系统内的各个生态因子的协同发展，关注课程生态系统的整体利益。

②家庭资源的互动与配合。生命教育不同于其他学科的教育，它更多的是一种综合性的教育活动。生命来自家庭并回归家庭，家庭伴随生命一生，不离不弃；家庭给生命以温暖和慰藉，是生命赖以存在和发展的亲情土壤和温情环境。家庭是最直接、最深刻、最丰富的和最触动心灵的生命教育资源。家庭教育可以使人更直接地体验亲情与责任，是人的个性和人格形成的首要条件和重要因素。因此，家庭与学校的积极互动与密切配合是很重要的，引导家庭参与生命教育，在家庭中营造生命教育氛围，可以巩固学校生命教育的成果。学校生命教育课程内容的选择应该是结合学生生命个体独特的家庭生活经历，与学生的日常生活建立直接的联系，理解学生的心路发展历程，从而引导学生超越家庭的自然亲情，正确理解生命共同体的内涵，做到由人及己和由己及人。大学生生命教育应重视家庭生命教育的力量，加强与学生家庭的沟通和联系，及时反馈学生成长的相关信息，从家庭寻求学生生命发展问题的根源因素，共同营造生命教育的氛围，做好生命教育的家校衔接，保护学生生命安全，促进其健康发展。

③社会资源的支持与保障。任何个体的发展都离不开社会环境。大学生命教育同样离不开社会大环境的支持，很多国家的生命教育最初都是先由社会团体推动建立的。社会人士的热心和积极介入是生命教育得以发展的重要推动力。

（2）开发生命教育人力资源，形成生命教育对话机制

教育是人与人的精神契合，是人对人的交流活动。生命教育是生命对生命的理解，更是生命对生命的碰撞。因此，与所有教育形式一样，生命教育典型地体现了教育"人为"和"为人"的属性。因此，生命教育内容的实施、课程的开发、实践活动的开展，离不开生命教育人力资源，即生命教育者（在学校表现为教师队伍）的投入。没有生命教育者的执着追求和坚定信念，就不会有生命教育的显著成效。生命教育者和受教育者之间，只有形成平等和谐的对话关系，才能触动生命的灵魂，激发生命的光彩，因此，生命教育的对话机制是生命教育顺利实施的重要保障。

①生命教育师资队伍的建设。目前，由于生命教育在我国教育领域还是一个新生事

物，它的教育对象众多，内容涉及面广，方法灵活多样，所以要在高校开展生命教育，需要一定数量、相对稳定的教师队伍。同时教师的专业素质直接影响到生命教育的成效，因此，必须建立一支高素质、具有人格魅力的生命教育师资队伍。

当前，学校开展生命教育，研究的多，实施的少，喊的多，做的少；对生命突发事件和生命乱象，依赖心理学分析的多，依靠生命教育的少，批评的声音多，建设性的言论少。因此，在学校里，生命教育教师基本上呈现出匮乏的状态，没有形成专门的师资队伍，即便有，也是兼职，其知识体系和能力结构都无法满足实施要求，这就急需培养生命教育的师资队伍。首先，建立生命教育师资培训机制。对专业任课教师、生命教育相关学科教师和学生管理人员，除了进行专业培训之外，还要进行生命教育基本理念和实践意义的培训，使他们具有生命意识、生命智慧和生命关怀等思想，并将之融入课程教学和学生管理的各个环节，实现教育的生命化。其次，参照心理咨询师的培训、考核和认证的方式，建立生命教育教师专业资格认证制度，培养和培训出更多的高水平生命导师。

②形成生命教育的对话机制。生命只有在不断地碰撞交融中才能激发出新的活力，才会有一种不断再生的充盈的生存状态。生命间的对话能极大地拓展人的精神生命的空间，使人回到本真的生命状态，给人的生命样式提供多种多样的规定性和可能性。

教育是人与人精神的契合，是人对人的主体间交往活动。教师与学生是不同性质的个体，具有各自不同的生活背景、情感体验、知识结构和认知水平，也会有不同的价值取向和伦理规范，并各自与周围的环境构成生存的小环境。因此，教师与学生、学生与学生之间总会发生形式各异的冲突，阻碍教学的顺利开展和师生关系的和谐生成，只有展开师生平等对话并在此基础上共同体验、理解和实践，才能在生命培育上形成合力，不断构建新的生命意义，实现生命的共同成长，进而建立一种整体和谐、充满人性的人际生态环境。

因此，从生命的角度来看课程实施中的教师，是以课程实施为途径对自身生命及学生生命进行创造的主体。教师应致力于将生命教育课程变成生命与生命对话的过程，引导生命关系走向完整、和谐的过程。

（3）推进教育管理方式的变革

开展好生命教育，还需要我们为生命教育活动做好各项支撑性工作，需要紧密融合教化的内在精神，实现管理育人，以具有生命关怀情结的管理方式实现对生命秩序的调控。

①提高管理者的素质。首先，管理者与教育者要尊重学生的个性，在教育管理过程中，要注意引导生命、感化生命，以良好的观念、态度服务于学生成长活动。其次，在管理制度和教育教学制度的制定中，要充分融合生命教化的思想，实现管理制度育人的功能，而不是通过对生命的压制实现对生命的控制，不能为了所谓的秩序、管理效率而抛弃了对生命的人文关怀。在大学生思想政治教育过程中，"人性化"制度最终要代替"枷锁式"制度。再次，管理者需要在学校文化和社会文明建设中，塑造包括风景、课程、礼仪等内容的生命依托要素，使生命教育在日常生活中，以潜移默化的形式发挥作用。最后，

管理者需要建立畅通的沟通机制，实现与教育对象的沟通交流，不断完善改变生命教育中的不足，促进教育者向引导者、倾诉者和合作者角色的转变。

②规范教学管理。在以知识为核心的课堂中，教学目标、教学程序都是预设的，教师在教学中倾向于采用结构化、封闭化和权力化的控制方式。而生命教育尊重学生，充分意识到学生生命的本质特征，提倡教学民主，提倡师生的互动和对话。这样就打破了传统的秩序和控制，从而成为开放的、动态的、生成的教育。学校应当积极设计生活化、融入式的生活教育课程，包括教材、活动及资源等。积极推进探索性或研究型教学；积极改变传统的以教师为主体的单向灌输式教学，转向以学生为主体的参与式教学；改变传统的程式化、群体式教育而忽视个体教育的模式，采取个体教育，把群体教育与个体教育结合在一起进行。

③加强实践活动。生命的逻辑展开不是理论性的，而是实践性的，生命自身不会呈现意义、实现价值的，只有通过自身的体验、感悟，才能认识到生命的意义与价值。因此，教育管理者要让学生更多地走进生活、走向社会。变"封闭管理"为"开放管理"。通过实践才能思考、判断和体验，使生命获得感动、震撼。

**（二）廉洁教育**

1. 大学生廉洁教育的意义

对大学生进行廉洁教育是全民廉洁教育的一部分，其目的在于培养大学生的廉洁意识，提高大学生的素质，自觉抵制腐败并举报腐败，从而使腐败无处藏身。

（1）有利于净化社会环境

一个廉洁的社会的构建，既需要公务人员廉洁自律，也需要社会其他成员遵守道德规范，严格要求自己。

干部廉政教育对抑制公职人员的腐败动机具有重要作用。一些公职人员拥有一定的权限，面对种种诱惑，极易走向腐败堕落。在众多腐败案件中，不健康的社会关系等外部因素是加剧领导干部思想蜕变的重要原因。腐败交易通常存在需求和供给两方面，而且两者之间经常互相激发。所以，只对公务人员进行廉洁教育是不够的，还应从社会环境的净化入手，在全社会树立以贪为耻、以廉为荣的社会氛围，提升整个社会的免疫力。

高校是社会环境的重要组成部分，大学生是未来廉洁社会的主要建设者。在大学生中进行廉洁教育，意义尤为重大。没有廉洁的社会，清廉政治、廉洁政府也就无从谈起。

（2）有利于高校培养目标的实现

人才对于一个国家来说是最宝贵的资源，是保持一个国家综合国力和核心竞争力的决定性因素。高素质人才甚至决定一个组织、一个国家、一个民族的兴衰。我国历来重视人才的培养，为了不断加强和改进大学生的道德教育，提高其道德素质，把他们培养成为合格建设者和可靠接班人，我国政府把大学生的培养及高等教育改革提到了重要的议事日程。对大学生开展廉洁教育是我国政府综合分析国际、国内形势，为培养全民的廉洁意识所作出的重要决策之一。

高校着力培养德智体美全面发展的社会主义新型人才，要求在校大学生不仅要有健康的体魄，还要有优良的心理素质和道德品质。要实现这个目标，一方面要求大学生要掌握好扎实的专业知识，另一方面要求大学生要自觉砥砺自身品质，不断提高自身素养，自觉抵制社会不良现象的侵蚀。

（3）有利于大学生健康成长

大学生要走向社会，成为党政机关、企事业单位的有用人才，同时大学生正处于世界观、人生观、价值观形成的关键时期，其思想容易受到外界不良社会现象的侵蚀。因此，对大学生进廉洁教育，是大学生思想政治教育不可或缺的内容。尽管当前大多数大学生把人类和社会的贡献作为衡量自身社会价值的标准，具有崇高的理想，积极规划人生道路，不断提高自己、完善自己。但也有一些大学生看到贪腐给一个人带来的眼前的、短浅的利益，思想观念出现扭曲，内心崇尚这种不正当的牟利手段。所以高校要通过廉洁教育使大学生深刻认识腐败的危害性、国家对腐败的打击力度，使大学生形成正确的价值观，扫除自身信仰上的迷茫，理想信念上的模糊。具体到大学生的日常生活，也存在一定的腐败隐患，如论文抄袭、迟到旷课、考试舞弊、毁坏图书资源、偷窃公私财物、借钱高消费、违反校规校纪等不诚信现象，这些现象成为侵蚀大学生品质的不良因素。

当前，大学生廉洁教育在思想政治教育中还处于薄弱环节，学校廉洁教育还没有形成体系，进行廉洁教育的经验还较少，廉洁教育活动还应进一步开展。所以，高校一方面要重视廉洁教育的作用，另一方面要开展廉洁教育理论研究，逐渐丰富完善大学生廉洁教育的内容体系，组织社会实践活动，提高教育的时效性。

2. 大学生廉洁教育的主要内容和途径

大学生廉洁教育的内容既要有别于公务员廉洁教育，又要有别于社会廉洁教育。大学生的廉洁教育应主要集中在了解腐败的有关理论，了解我国反腐倡廉的治国方略、大政方针，了解中外的反腐经验以及《联合国反腐公约》等法规条约，认识社会发展趋势，培养廉洁意识和服务人民的思想。其主要包括四方面的内容：一是有关腐败的基本知识和理论，如腐败的概念、腐败产生的根源、腐败的类型、腐败的危害等。二是中国及外国防止腐败的有效经验。通过中外反腐经验的比较，可以找到我们反腐工作中的优缺点，从而为改进我们的工作服务。大学生是社会的知识精英，他们毕业之后很有可能在公共管理部门、工商部门和事业单位工作，有的甚至会成为各个部门的领导者。所以，在大学阶段掌握预防腐败的措施对他们今后的工作有帮助。三是有关全球合作反腐问题。随着经济的全球化，腐败不再是一国问题。只有全球联合起来，才能建立一个廉洁的社会、廉洁的地球村。四是要通过腐败理论知识的学习来加强大学生的自身修养，这是进行大学生廉洁教育的最终目的。要把廉洁教育的内容落实于行动，要思考以后的职业选择，要思考整个国家和民族的命运，要遵守规则和程序，不仅自己不能通过不正当手段谋取利益，同时还要积极主动地监督公职人员的行为。换句话说,大学生廉洁教育的目的在于教育大学生不但要管好自己,避免成为国家廉政建设的阻力和负担,而且还要成为反腐败的带头力量。

与上述目的相对应,大学廉洁教育的内容应当侧重于腐败及反腐败战略理论等方面的知识学习。在内容设计方面,应尽可能地把国内外有关腐败或廉政方面的共同知识等作为廉洁教育的内容,从而建立起既有鲜明中国特色,又能与全球接轨的大学生廉洁教育体系。高校在利用这个教程进行大学生廉洁教育的同时,可开展其他廉洁教育实践活动与之配合。可采取下列活动形式,如参观纪检监察、检察院等部门,参加研讨会、辩论、演讲以及政府、私营企业、学者和大学生共同参与的会议、反腐报告会等。各专业院系还可从实际出发,结合本专业特点,开展有声有色的活动,如土木工程学院、设计学院、建筑学院、电气学院、机械学院等工科院系可开展"腐败与工程建设"研修活动;新闻学院可开展"腐败与新闻界"研修活动;财经类院系和工商管理学院可开展"腐败与工商企业"研修活动;法学院可开展"腐败、法制与法治"研修活动;文学院可开展"腐败与文化"研修活动;其他院系可开展"腐败与学术"研修活动,等等。

### (三)生态道德教育

生态道德也称环境道德,是调节人与自然之间关系的行为准则总和。生态道德教育的核心在于引导受教育者正确认识和处理人与自然的关系,培养人的生态意识、生态智慧和生态德行,形成生态良知、生态审美、生态责任等生态人格。生态道德的萌生和建构,是新时代人类处理环境问题的新视角,是重建人与自然和谐关系的新理念,是人类在自然界领域里思想道德的升华和文明进步的新成果。

开展生态道德教育,一要提高大学生的生态道德意识。生态道德意识和观念是人们在生态环境问题上对是非、善恶、荣辱的认识、判断和评价。大学生应正确认识人与自然的关系,树立生态危机意识、生态善恶意识、生态平衡意识和生态审美意识,培育生态伦理精神。二要培养大学生生态道德情感。即要培育大学生热爱自然、敬畏自然、善待自然、保护自然的感情。要把人与自然的关系纳入道德关怀的视野,自觉承担起对自然环境的道德责任,培植大学生生态善恶感、生态正义感、生态良知感和生态义务感。三要锤炼大学生生态道德意志。生态道德意志是人们为实现一定的生态道德行为所作出的践行生态道德原则与规范的坚韧精神与顽强决心。教育大学生要珍惜和善待生命,特别是濒危动物生命,引导大学生树立适度、绿色、节俭、和谐的消费观念和消费行为,养成健康的生活方式和良好的生活习惯等。总之,生态道德教育是一项复杂的系统工程,要使这一教育目标得以实现,需要将道德教育、规范约束和社会实践有机结合起来,以不断推进生态道德教育的发展。

# 第二节  高校思想政治教育内容的创新研究

学科创立三十多年来，学界围绕思想政治教育内容所开展的研究主要涉及思想政治教育内容的内涵与特征特性、思想政治教育内容的具体构成、思想政治教育内容的体系构建、思想政治教育内容的创新发展、思想政治教育内容的中外比较等多个方面。

## 一、关于思想政治教育内容的内涵把握研究

什么是思想政治教育内容，如何理解思想政治教育内容，这是思想政治教育内容研究首要的基本理论问题。对于思想政治教育内容的内涵理解，学界大致有这样几种观点。

### （一）立足思想政治教育内容与目标的内在关联予以理解和把握

有的研究者在研究中，立足思想政治教育内容与目标的内在关联予以理解和把握，强调思想政治教育内容是思想政治教育目标的具体化。比如《思想政治教育学原理》教材的界定：思想政治教育内容是思想政治教育目标的具体化，是党和国家对社会成员实施思想政治教育时在思想、政治、道德、心理诸素质方面的要求，是决定民族素质的重要方面。也有研究者指出，思想政治教育内容是思想政治教育目标的具体化，是为实现思想政治教育目标而选择的思想、政治、道德方面的知识、理论、思想、观点、准则、规范等的总称。还有研究者在《党的思想政治教育内容整体构建研究》中把党的思想政治教育内容界定为："按照党的思想政治教育目标要求而确立的，用于教育广大人民的一定的政治、思想观点和道德、法纪观念及其思想体系。"这些界定都是立足于思想政治教育目标的内在关联，理解和把握思想政治教育内容。

### （二）立足思想政治教育内容的质的规定性予以理解

有的研究者立足于思想政治教育内容的质的规定性予以理解，强调思想政治教育内容的信息特性。如有研究者提出："思想政治教育内容是根据一定的社会要求和针对受教育者的思想实际，经教育者选择设计后有目的、有步骤地输送给受教育者的思想意识、价值观念和道德规范等信息。"有研究者在研究学校思想政治教育内容体系整体构建时，把思想政治教育内容界定为："教育者根据一定的阶级、社会、组织或群体的目的要求，针对社会发展和教育对象的思想品德实际选择、设计后，有计划、有组织地传输给教育对象的思想观念信息"。也有研究者提出，思想政治教育内容是指思想政治教育主体通过教育实践活动，作用于客体的理论化、系统化的思想教育体系，它由一定的思想观念、政治观点、道德规范等组成。

#### （三）立足思想政治教育内容在思想政治教育实践中的地位作用综合理解其内涵

有的研究者立足于思想政治教育内容在思想政治教育实践中的地位作用综合理解其内涵，强调思想政治教育内容的中介性特征。有研究者在研究思想政治教育内容有效性时曾指出，思想政治教育的内容，即在思想政治教育活动中教育者所意欲传递给教育对象的思想政治观念，不仅是连接思想政治教育者和教育对象的信息纽带，也是构成思想政治教育关系的基本要素，还是蕴含教育目的的载体，其表现形态分为两个层面。

上述几种观点的差异在于把握和理解思想政治教育内容的角度和侧重有所不同。笔者以为，综合的视角有助于完整系统地把握思想政治教育内容。

### 二、关于思想政治教育内容的特征特性研究

关于思想政治教育内容的特征特性，学界目前的研究主要有两种路向，一是对思想政治教育内容的特征特性作整体概括，以从特征特性上深化对思想政治教育内容的认识；二是对思想政治教育内容的特征特性作具体阐发，深入地探讨思想政治教育内容某个方面的特性。

对于第一种研究路向，有研究者提出思想政治教育内容的内在属性，是指在思想政治教育内容生成和发展中具有稳定性、根本性、普遍性的特质，集中表现为导向性与科学性、系统性与层次性、时代性与稳定性的有机统一。有研究者认为，思想政治教育内容一般具有三种特性：内容的共同性、内容的特殊性、内容的交叉性。也有研究者强调思想政治教育内容随着具体教育目标的变化而变化，随着国内外形势的发展而发展，随着被它保证的各项工作的深入而充实，带有极大的具体性、丰富性和变化性。从总体上讲，大家普遍认为思想政治教育内容具有鲜明的阶级属性、民族色彩和时代特征，既有各民族、各个时代共同相通的一面，也有其差异区分的一面，既有在相承相继中连续稳定的一面，也有随着时代变迁不断发展变化的一面。还有学者提出，思想政治教育的内容有两个特征，知识性和教育性的统一、理论性和实践性的统一。思想政治教育的内容，不仅要体现知识性、理论性，还要体现教育性、实践性，是二者的完美统一。这在一定意义上是立足于思想政治教育内容的实践运用在概括其特点。

对于第二种研究路向，一些学者对思想政治教育内容的某一方面具体特征进行了分析和研究。例如，关于思想政治教育内容有效性，有研究者提出其有效性体现在两个层面，即一定社会或阶级所要求的思想政治教育内容一要具有真理性、真实性和先进性；二要具有精确性、透彻性和契合性，二者为教育者提供在具体教育实践中所组织编制的思想政治教育内容。也有研究者提出有效的思想政治教育内容要还原社会要求，把社会要求作为思想政治教育的基础内容；明确国家意志，把贯彻国家意志作为思想政治教育的核心或灵魂的内容；嵌入对象需要，把教育对象的需要作为思想政治教育的重要内容。也有研究者探讨思想政治教育内容的合理性，提出思想政治教育要有效实现自身的功能价值，其在内容

的设定上必须具有合理性。这一合理性包括形式合理性和实质合理性两个向度。形式合理性的主要表征是满足社会的价值期待、符合具体的国情、具有完整性与和谐性。获得实质合理性的关键是要处理好权利和义务、自由和责任、实现个人价值和满足社会价值期待、内在美德和外在行为的关系。还有研究者研究思想政治教育内容的科学性，提出思想政治教育内容只有实现真理与价值的融合才具有科学性。

## 三、关于思想政治教育内容的具体构成研究

思想政治教育内容究竟包括哪些方面，由什么样的内容组成，这是思想政治教育内容研究必须明确的问题。关于这一问题，研究者们一方面探讨思想政治教育的具体内容，另一方面研究思想政治教育具体内容之间的逻辑关系。这方面的成果主要体现在学科不同时期的教材及相关文献之中。归纳起来，学界的研究主要有这样几种情况。

第一种情况是把思想政治教育内容概括为几个方面。2001 年版的教材《现代思想政治教育学》提出思想政治教育的基本内容包括思想教育、政治教育、道德教育、心理教育四个方面。还有研究者撰文将法纪教育纳入其中，认为思想政治教育内容包括思想教育、政治教育、道德教育、心理教育、法纪教育在内的"五要素"。有研究者进一步指出，"思想政治教育内容是一个集合概念，它是政治教育、思想教育、道德教育、法纪教育、心理教育相互联系、互相渗透，互为条件、互相制约构成的统一体"。至于各教育内容之间的关系，学界的认识是比较一致的，普遍认为思想教育是先导，政治教育是核心，道德教育是重点，心理教育是基础。同时还提出，由于思想政治教育的重点不同，思想政治教育内容在具体实施运用过程中其结构关联方式也不同，大致可以区分为政治主导型、思想主导型、道德主导型、心理主导型等几种类型。

第二种情况是具体罗列包括些什么样的思想政治教育内容。学科最早的教材《思想政治教育学原理》提出思想政治教育内容主要包括世界观、政治观、人生观、道德观、法制观五个方面，这五个方面内容相互联系、相互渗透、相辅相成。1999 年刘书林、陈立思主编的《青年思想政治教育学原理》和 2001 年陈万柏、张耀灿主编的《思想政治教育学原理》，坚持了这一观点。对于这一观点，学界还有不同方式的表达，如 1999 年由邱伟光、张耀灿主编的《思想政治教育学原理》教材把思想政治教育内容概括为：世界观、人生观、价值观"三观"教育，爱国主义、集体主义、社会主义"三大主义"的教育，社会公德、职业道德、家庭美德"三德"教育，及坚持集体主义价值导向，反对个人主义、享乐主义和拜金主义。陈秉公专著的教材《思想政治教育学原理》则概括为：世界观教育、政治观教育、人生观教育、道德观教育、发展观教育、创造观教育、健康心理教育，增加了创造观教育和心理健康教育内容。其他版本的教材在罗列思想政治教育的具体内容时，观点都大同小异。在这一类研究中，研究者们普遍强调各方面的内容是相互联系、相互渗透和相辅相成的，但对内容之间的关联状况缺乏深入细致的分析。

第三种情况是从不同层面把握思想政治教育内容。有学者研究思想政治教育有效性，提出可以把思想政治教育内容区分两个层面：第一个层面即特定的社会和阶级所要求、所确定的思想政治教育内容一，第二个层面即在具体的思想政治教育实践活动中，思想政治教育者根据相应的思想政治教育目的，按照思想政治教育规律的要求，对思想政治教育内容一进行组织、编制，以直接用于思想政治教育活动的思想政治教育内容二。思想政治教育内容一具有给定性，更多表现为一种思想理论体系，思想政治教育内容二则是对思想政治教育内容一加工、组织的结果，更多表现为由这种理论体系加工而成的教育信息体系。在思想政治教育具体实践中，内容一需要向内容二转化，其转化情况直接关系到内容一的实践运用。

第四种情况是明确规定特定对象思想政治教育的内容。如 2004 年下发的《中共中央　国务院关于进一步加强和改进大学生思想政治教育的意见》提出大学生思想政治教育"四以"的主要任务，明确了大学生思想政治教育的主要内容。其中，理想信念教育是核心，爱国主义教育是重点，基本道德规范教育是基础，大学生全面发展是目标。2010 年新修订颁布的《中国人民解放军思想政治教育大纲》也明确规定，军队思想政治教育的主要内容包括党的基本理论和路线、方针、政策，人民军队性质、宗旨和优良传统，我军历史使命和军人职责、法制纪律和道德规范、形势政策教育等。强调要以学习马克思主义特别是马克思主义中国化最新成果为根本，以我军历史使命教育、理想信念教育、战斗精神教育和社会主义荣辱观教育为重点，把建设社会主义核心价值体系和培育当代革命军人核心价值观融入思想政治教育的全过程。

## 四、关于思想政治教育内容的体系构建研究

科学、有效的思想政治教育内容，不应该是零散、碎片性的内容，而应该具有整体性、系统性。因此，思想政治教育内容体系构建研究，构成思想政治教育内容研究的一个重要方面，关于这个问题学界主要进行了如下研究。

### (一) 研究思想政治教育内容体系建构的依据

有学者研究青年思想政治教育内容的宏观规划，提出要依据青年思想政治教育的目标，教育对象的思想实际、时代的特点和形势的要求。有研究者研究党的思想政治教育内容整体设计，提出党的思想政治教育内容确立的客观依据既有外在的思想政治教育目标及形势发展要求，又有内在的受教育者身心发展规律和思想品德发展规律等。也有研究者提出，思想政治教育内容的整体建构受社会发展规律、教育内在规律和受教育者身心发展规律所制约，要以马列主义、毛泽东思想和中国特色社会主义理论体系为指导思想和理论基础，依据阶级社会对其成员的根本要求、时代条件发展变化的客观要求、思想政治教育内容的历史资源、人的思想品德全面发展的需要、思想政治教育的内在要求等予以构建。还有研究者提出学校思想政治教育内容体系确立的依据有："特定社会要求的必然反映、思

想品德结构整体性要求、思想品德发展规律的需要、思想政治教育目标的规定"。总体来讲,研究者们在思想政治教育内容建构依据问题上的认识是比较一致的,普遍认为思想政治教育内容建构有其理论依据、时代依据、实践依据、对象依据等,即是说建构思想政治教育内容首先要坚持科学的理论指南,在当代中国无疑是要以马克思主义科学理论为指导;其次要紧跟时代,把握时代发展的要求;再次要立足实践,从实践中挖掘智慧源泉,尤其是要准确把握思想政治教育目的;最后要贴近对象,构建符合对象需要的内容体系。

## (二)探讨思想政治教育内容体系建构的原则

思想政治教育内容体系建构的原则,实质上就是思想政治教育内容建构的实践准绳,从根本上是回答如何构建的问题。有研究者探讨党的思想政治教育内容整体构建,提出内容整体构建的原则应包括科学性与主体性相结合的原则、现实性与理想性相结合的原则、社会本位与个人本位相结合的原则、整体性与层次性相结合的原则。有研究者提出要坚持导向性、科学性、系统性、层次性、时代性、稳定性原则,按照系统论的整体性、有序性和动态性要求建构思想政治教育内容体系。另有研究者对思想政治教育内容体系整体建构没有具体谈及依据和原则,但是提出了建构的基本思路。如郑敬斌提出学校思想政治教育内容体系整体建构的基本思路:保证内容要素完整是学校思想政治教育内容整体设计的基础,实现内容结构和谐是学校思想政治教育内容整体设计的根本,引导学段层次衔接是学校思想政治教育内容整体设计的关键,确保实施形式整合是学校思想政治教育内容整体设计的支点。这实际上也明确了思想政治教育内容建构的原则。从中可以看出,研究者们普遍认为,思想政治教育内容的实践建构不是随心所欲的,要在遵照规律性的前提下遵循一定的原则予以实践建构,努力使所构建的内容体系具有科学性。

## (三)提出思想政治教育内容体系建构的内容

关于思想政治教育内容体系,最早由王兰垣于1990年在《新时期思想政治教育内容体系》一书中论及,提出思想政治教育内容体系包括十二个方面,但严格意义上讲作者提出的内容体系还不具备鲜明的体系性,更多的是内容的列举。迄今,探讨思想政治教育内容体系建构的观点主要有以下几种:

一是武汉大学熊建生提出思想政治教育内容体系由基础性内容、主导型内容、拓展性内容三大板块构成。其中,基础性内容包括传统美德教育、公民道德教育、爱国主义教育、艰苦奋斗精神教育;主导性内容包括思想理论教育、理想信念教育、民族精神和时代精神教育、荣辱观教育、形势政策教育;拓展性内容包括诚实守信教育、心理健康教育、公民意识教育、民主法治教育、创新精神教育、生命伦理教育、生态道德教育国际意识教育。

二是西南大学张维薇提出的大学生思想政治教育内容体系由内容体系一和内容体系二构成。内容体系一由理论性内容、实际性内容、时代性内容、借鉴性内容构成,内容体系二包括立足不同途径实施教育的内容体系、立足对象特殊性实施教育的内容体系、立足大学生生涯关键节点实施教育的内容体系。

三是郑敬斌提出的学校思想政治教育体系设想："小学阶段的思想政治教育内容体系：注重生活体验，培养良好习惯；中学阶段的思想政治教育内容体系：引领学生感悟，提高品德水平；大学阶段的思想政治教育内容体系：侧重理论传达，引导思想进步"。

### （四）研究思想政治教育内容体系的实践优化

学界基于思想政治教育内容是一种系统存在和结构体系，它不是预成的，而是生成的，不是固定不变、一劳永逸的，而是与时俱进、辩证发展的，提出思想政治教育内容要不断优化。有研究者提出优化内容体系要以马克思主义为指导，坚持"三个面向"，立足实践主动适应社会经济政治文化的发展变化，合理继承中国传统思想道德教育资源，有效借鉴国外思想道德教育优秀成果，遵循思想政治教育内容发展的内在规律。优化内容体系，要尊重历史以打牢深厚的历史基础，关注现实以体现强烈的时代气息，着眼未来以彰显鲜明的超越指向，力求使思想政治教育内容各要素协调一致、形成合力，使内容系统达到最优化状态。具体来讲，要把先进性内容与广泛性内容相结合，政治性内容与生活性内容相融合，民族性内容与世界性内容相关联，科学性内容与人文性内容相匹配。也有研究者提出思想政治教育内容结构应从以下方面加以优化：突出思想政治教育核心内容，完善思想政治教育内容体系，实现思想政治教育内容更新。

## 五、关于思想政治教育内容的创新发展研究

思想政治教育内容需要伴随着实践和时代的发展而不断发展，努力推进实践创新。思想政治教育内容的创新发展，也是学界研究思想政治教育内容的重要方面，归结起来主要开展了以下研究。

### （一）回顾思想政治教育内容创新发展的历程与成绩

研究者们分别选择改革开放以来、党的十六大以来、中国共产党成立以来等一些标志性的时间节点回顾思想政治教育内容创新的历程及成就。如有研究者回顾改革开放以来大学生思想政治教育内容的发展，提出改革开放以来大学生思想政治教育内容在继承中创新、在改革中发展，体系日趋完备，结构更加合理，课程设置更趋科学。始终体现鲜明的政治方向、始终结合社会发展的新要求、始终立足大学生思想发展的新实际，始终依托马克思主义中国化的新发展，是改革开放以来大学生思想政治教育内容历史发展的宝贵经验。有研究者把党成立以来思想政治教育内容的发展历程划分为六个时期，并指出其发展历程表现出这样几个特点：

第一，不断坚持用马克思主义思想作指导，尤其注重用马克思主义同中国实际相结合而产生的最新理论成果，用中国化了的马克思主义指导思想政治教育的实践和内容。

第二，思想政治教育的内容紧紧围绕党和国家的中心任务展开，在服务中心工作中创新，在创新中得到发展。

第三，积极宣传党的方针政策，弘扬时代主旋律，引领思想文化思潮，建构时代精神。

第四，坚持解放思想，实事求是，紧扣时代主题，推动社会文明进步和人的全面发展。研究者们通过对思想政治教育内容发展的实践回顾普遍发现，不断创新发展在一定意义上是思想政治教育内容的重要品质。

**（二）研究思想政治教育内容如何在迎接挑战中创新发展**

思想政治教育内容创新，归根结底在于实践的发展和时代的进步，实践和时代发展提出的新要求和挑战推动着思想政治教育内容创新。30 年来，研究者们总是结合实践和时代的新发展、新变化研究探讨思想政治教育内容创新。如有研究者探讨思想政治教育内容适应现代社会需要的现代转型问题，提出思想政治教育内容现代转型绝不意味着"去政治化"，相反，要自觉回应中国社会现代转型的时代要求而"再政治化"，实现思想政治教育内容从"传统政治"向"现代政治"的转型。有研究者探讨如何在推进大众文化发展的背景下实现思想政治教育内容创新，提出在当代中国大众文化语境下，思想政治教育应构建主流文化与大众文化相契合、时代性内容与稳定性内容相结合、民族性内容与世界性内容相融合、政治性内容与生活性内容相耦合、思想性内容与审美性内容相整合的教育内容体系，并在内容创新中增强思想政治教育的主动性、科学性、针对性和实效性。也有研究者探讨经济全球化背景下的思想政治教育内容创新，提出面对经济全球化趋势，思想政治教育要增加与全球化发展相适应的教育内容，包括开放意识教育、进取意识教育、竞争意识教育、国际法律法规教育、"国际人"观念教育、全球意识教育等。还有研究者探讨构建和谐社会背景下的思想政治教育内容创新，提出站在建设和谐社会的角度审视思想政治教育，应进行社会主义和谐社会理论、科学发展观、社会主义核心价值体系、心理健康、生态文明和人文精神的教育等，丰富和发展了思想政治教育内容。

**（三）研究如何以社会主义核心价值体系统领思想政治教育内容创新**

社会主义核心价值体系是社会主义的本质体现，是兴国之魂，建设社会主义核心价值体系，是党在思想文化建设上的一个重大理论创新。用社会主义核心价值体系创新思想政治教育内容，是深刻总结历史经验，推进思想政治教育科学发展的必然要求。有研究者提出，社会主义核心价值体系的提出以体系性的内容丰富了思想政治教育的现有内容体系，实现了思想政治教育内容创新。社会主义核心价值体系把思想政治教育内容统摄为以马克思主义指导思想为灵魂，以中国特色社会主义共同理想为主题，以民族精神和时代精神为精髓，以社会主义荣辱观为基础的有机整体，把马克思主义理论与中华民族优秀传统文化结合在一起，把远大政治目标与日常行为规范结合在一起，把时代精神与历史经验、世界眼光与民族传统联系在一起，构成一个既有全球视野又有历史眼光、既立足现实又面向未来、既恪守原则又海纳百川的体系，实现了思想政治教育内容的体系创新。也有研究者提出，以社会主义核心价值体系创新思想政治教育内容，要突出思想政治教育的主导性内容、坚持思想政治教育的特色性内容、增强思想政治教育的时代性内容、吸纳思想政治教育的兼容性内容等。另有研究者提出要突出政治教育的核心内容，优化思想教育、政治教育、道德教育、心理教育之间的内容结构；拓宽覆盖面，考虑各个社会群体，涵盖各方面的内容，完善内容体系；处理好继承与创新的关系、坚持创新的指向、明确创新的目的、坚持把人的全面发展和社会的文明进步作为创新的动力，切实推进内容创新。

# 第三节　高校思想政治教育内容研究述评

综上所述，40 年来，与学科建设和实践发展相伴随，思想政治教育内容研究不断深化，取得了重要进展，为进一步深化研究奠定了扎实基础。学界在诸多方面都有一定的共识，尤其是在思想政治教育内容的重要价值、基本特性、内容构成、内在关联、实践创新等方面，学界形成了普遍共识。一致认为，加强思想政治教育内容研究，无论是对于深化思想政治教育实践规律性的把握，推动实践发展，还是对于深化思想政治教育学科建设规律性的认识，推动学科发展，都具有重要意义。思想政治教育内容十分丰富，包括思想教育、政治教育、道德教育、心理教育等多个方面，其中政治教育是根本和核心，各种教育内容有紧密的内在关联。思想教育内容不断发展，随着时代和实践的发展，不断有新的时代性的内容添加进内容体系，思想政治教育内容需要实现与时俱进的发展。深化对思想政治教育内容的认识，需要不断加强理论研究和实践探索，努力构建符合教育实际和实践规律性的内容体系，推进思想政治教育内容体系的优化和发展。但是，对于不少的问题学界也还存在一定的认识分歧。比如，思想政治教育内容究竟应该由哪些内容构成，其内容构成的边界到底在哪里，各种教育内容究竟构成什么样的体系关系，如何在教育实践中科学有效地利用教育内容开展教育，如何实现思想政治教育内容的创新发展，如何构建具有中国特色的思想政治教育内容体系，等等，学不还有不同的认识，观点不尽一致。

内容问题常研常新，还有不少方面需要进一步强化研究、深化认识，这些方面构成了思想政治教育内容研究的前沿课题，梳理起来主要有以下方面：

一是如何科学构建针对不同教育对象的思想政治教育内容体系。教育对象不同，对教育的内容要求不同，教育内容也应随之有所不同，比如对大学生、军人、农民等开展教育，无疑不能用完全一样的内容去教育他们，如何依据对象的特点构建科学可行的内容体系，提升教育的科学性、针对性和实效性，这是一个需要深入研究的重大问题。

二是如何科学把握思想政治教育内容的教育实践规律性。运用一定的思想政治教育内容开展教育，蕴含着特定的教育规律性。然而在现实中，"在内容和形式之间，当前的思想政治教育理论研究更关注形式而忽视内容，即更关注'为何教育''如何教育'的研究而相对忽视对'教育什么'的深层研究"。形式离不开内容，内容也离不开形式。探讨思想政治教育内容及其实践应用的规律性，实现思想政治教育内容与形式之间的匹配和吻合，这是思想政治教育理论研究不应也不能回避的问题。这里所讲的内容运用的实践规律性，既包括一般意义上的整体规律性，也包括教育内容实践运用的具体规律性。

三是如何实现思想政治教育内容的整体衔接问题。思想政治教育内容因其丰富性而蕴含体系性，这种体系性不仅体现在不同思想政治教育内容横向之间的衔接上，而且体现在思想政治教育内容纵向的衔接上。长期以来，思想政治教育实践没有处理好内容的整体衔接问题，如中小学教育与大学时期的教育，学校教育与社会教育、家庭教育等在内容上都存在没有处理好衔接问题，没有实现彼此之间的整体协同。高校思想政治理论课各门课程之间也没有处理好内容的整体构建问题，存在一定程度的简单重复等，这在一定程度上影响到思想政治教育的实效，需要通过加强研究和探索予以有效克服。

四是如何实现思想政治教育内容与时俱进的科学发展。在不同的时代条件下，伴随着中国特色社会主义事业和思想政治教育实践的进步与发展，一些新的时代性的内容需要被纳入思想政治教育内容体系，如何有效实现内容体系与时俱进的科学发展，便成为一个时代性的课题。如社会主义核心价值体系、社会主义核心价值观提出以后，如何以核心价值体系、核心价值观统领思想政治教育内容，如何实现思想政治教育内容的创新发展，则是需要深化研究的问题。

五是如何有效借鉴思想政治教育内容发展与应用的外域经验。不同阶级、不同国家、不同社会制度下的思想政治教育内容具有差异性，国外思想政治教育的实践发展，尤其是西方发达国家在思想政治教育中的有效探索所取得的经验值得我们去借鉴，这需要开展思想政治教育比较研究。其中，一个重要方面就是要开展思想政治教育内容的比较研究，把握国外在思想政治教育内容的确立及运用中的实践经验和理论智慧，以利于立足我国国情的角度加以批判借鉴。

# 第六章　高校思想政治教育教学质量的提升路径

时代发展，社会转型，思想剧变，这是改革开放以来我国社会发展的基本写照。面对新形势、新问题，思想政治教育必须明确问题导向，立足中国特色社会主义建设理论与实践，契合时代之发展、社会之需要、思想之特点，在自我革新中，不断改进、加强。

## 第一节　充分发挥高校思想政治理论课"主渠道"功能

习近平总书记在全国高校思想政治工作会议上强调，"要用好课堂教学这个主渠道，思想政治理论课要坚持在改进中加强，提升思想政治教育亲和力和针对性，满足学生成长发展需求和期待"。这一重要论述，高瞻远瞩、实事求是，为思政课建设的创新和发展提供了纲领性指导和基本遵循。我们必须认真领会这一重要论述的精神实质，进一步深化对高校思想政治理论课功能的认识，坚持高校思政课与时俱进的品格，强化问题导向，在破解思政课建设面临的短板环节方面取得实质性进展，真正把思政课建设成学生真心喜爱、终身受益的优秀课程。

### 一、深刻认识新形势下高校思想政治理论课的重要地位和功能

实现中华民族的伟大复兴，教育是基础，必须把教育摆在优先发展的位置。教育之本在于育人，在于为国家和民族培养人，必须抓好"立德树人"这一教育的立身之本。坚持"立德树人"，高度重视思想政治工作，是我党的优良传统和政治优势。习近平总书记以深邃的战略眼光、高超的政治智慧，及时把握时代大趋势，弘扬优良传统，创新思想政治工作的理论和实践。他在全国高校思想政治工作会议上指出，"高校思想政治工作关系高校培养什么人、如何培养人以及为谁培养人这个根本问题"，因此，"要用好课堂教学这个主渠道"。这些重要论述，创造性地发展了党的思想政治工作的理论和实践，既精辟概括了高校思想政治工作在高等教育发展中的核心地位，又进一步强调了高校思想政治理论课不可替代的"主渠道"功能及其时代要求。

学习落实习近平总书记的重要讲话精神，就要从"民族复兴""立德树人"的战略高度来重视高校思想政治理论课，举全党全国之力，把马克思主义理论学科作为优势学科发展，把高校思想政治理论课作为第一"核心"课程加强建设。要克服重智育轻德育、重专业课轻思想政治理论课的现象，特别是要抵制和批判那种认为思想政治理论课"可有可无"，主张削弱甚至取消思想政治理论课的错误倾向。广大高校思想政治理论课教师，一定要不辱使命，坚持学科自信和课程自信，守望"主渠道"、筑牢"主阵地"，讲清讲透马克思主义科学理论，坚持不懈地弘扬和培育社会主义核心价值观，引导学生做社会主义核心价值观的坚定信仰者、积极传播者、模范践行者。

## 二、深刻认识高校思想政治理论课建设面临的新挑战新任务

高校思想政治理论课，是传播马克思主义理论的课堂，是对学生进行马克思主义理论教育、为学生一生的成长奠定科学思想基础的课堂，马克思主义理论的与时俱进性和学生思想特点的新情况新变化，都要求高校思想政治理论课要不断地在总结经验中健康发展，在发现问题、解决问题中改进优化。历史实践证明，及时变革或完善建设方案，不断创新内容和方法，是高校思想政治理论课永葆生机的动力之源，也是高校思想政治理论课建设的根本遵循。

当前我国高校实施的思想政治理论课建设方案即"05"方案，是2005年党中央批准并领导实施的方案。十多年来，在党中央坚强领导下，各部门和各地各高校认真实施新课程方案，采取一系列重大举措，全面加强和改进思想政治理论课。设立马克思主义理论一级学科，建设示范马克思主义学院，为思想政治理论课建设提供坚实的学科支撑；整合全国学术理论界优势力量，统一编写并多次修订高校思想政治理论课教材和教学大纲；实施多渠道的教师培训计划，有力促进了骨干教师队伍基本素质的提升；推广了一批行之有效的教学方法，创新了课堂教学形式。大量调查数据证明，高校思想政治理论课课堂秩序和教学效果明显改善，大学生学习兴趣和满意程度得到提升。同时，也必须清醒地认识到，思想政治理论课建设自身还存在许多困难和不足，中宣部、教育部印发的《创新计划》指出："一些地方和高校对思想政治理论课仍然重视不够，政策条件保障尚未落实到位，思想政治理论课在高校考核评价体系中的地位和作用不够突出；统筹推进教材修订完善、教师队伍建设、教学方法改革的意识不强，思想政治理论课建设体系尚未完全形成；教师队伍建设不适应思想政治理论课改革发展需求，整体素质亟待提升；改革创新的手段不多，制约思想政治理论课针对性实效性的瓶颈亟待突破；有效整合全社会资源的力度不够，思想政治理论课建设全员全方位全过程育人的格局仍需巩固。"面对高校思想政治理论课建设的新情况新问题，正确把握思想政治理论课建设的客观实际，抓准抓好思想政治理论课建设中的主要矛盾，攻坚克难、开拓创新，实现新的跨越式发展，是广大思想政治理论课教师肩负的重大历史责任和光荣使命。以习近平同志为核心的党中央一直高度重视高校思

想政治理论课建设，要求我们切实把思想政治理论课办好。习近平总书记在全国高校思想政治工作会议上的重要讲话中强调，"思想政治理论课要坚持在改进中加强"。这里的"坚持"，揭示了思想政治理论课改革永远在路上，必须恪守坚持不懈的规律；这里的"在改进中加强"，明确了高校思想政治理论课改革发展的前进方向，同时也是对"05方案"实施实践的肯定性评价。他还强调指出要"提升思想政治教育亲和力和针对性，满足学生成长发展需求和期待"。这些论述，鞭辟入里，从根本上找到了高校思政课现存问题的症结和要害，找到了高校思想政治理论课建设的短板和发力点。只要我们认真学习落实习近平总书记的讲话精神，以学生发展为中心，在"亲和力"和"针对性"上下真功夫，高校思想政治理论课应有的功能和作用就一定能得到充分发挥。

### 三、聚焦亲和力和针对性，实现高校思想政治理论课建设的突破性发展

"提升思想政治教育亲和力和针对性"，是习近平总书记对新形势下思想政治教育的新要求、对高校思想政治理论课建设的新期待，也是对高校思想政治理论课实现新突破着重点的聚焦和明示。亲和力是指思想政治理论课对大学生所具有的亲近、吸引的潜在功能，以及大学生对思想政治理论课产生的亲近感、趋同感。亲和力对于思想政治理论课教学目标的实现、教学内容的贯彻和教学效果的达成有着重要的促进作用，尤其是对于增强其实效性、吸引力和感染力有着重要价值。要聚焦教材、教学、评价，切实提升思想政治理论课的亲和力。在一门课程亲和力的整体要素中，教材亲和力是前提和基础。应抓好教材修订契机，对统编教材的框架体系、内容结构、文字表述进行修订、补充和完善，进一步增强统编教材的科学性、说服力和吸引力；要以统编教材为龙头，以教师参考用书、学生辅学读本为主要内容，构建广大师生的立体化教材体系。增强教学的亲和力，还必须抓好课堂教学这一基本环节，实现好教材体系向教学体系的转化。一线教师要在吃透教材内容的基础上，着眼于中国特色社会主义建设事业新的实践和新的发展，着眼学生的思想状况和实际需求，科学设计教学内容、精心选择典型案例，改革教学方法，用理论的逻辑魅力吸引学生、感染学生，使学生对思想政治理论课产生亲近感和亲切感。"针对性"是指事物的指向性，强调指向事物的核心和关键。提升思想政治理论课教学针对性就是要针对学生需求和愿望，从学生实际出发，想学生之所想、答学生之所惑。思想政治理论课的针对性同其亲和力是紧密联系在一起的。教学的"亲和力"，主要源于其"针对性"，没有"针对性"的教学，就不可能有"亲和力"。因此可以说，增强思想政治理论课针对性，是增强其亲和力的应有之义，它强调的是增强思想政治理论课亲和力的根本要求。增强思想政治理论课的针对性，必须围绕学生、关照学生、服务学生，不断提高学生的思想水平、政治觉悟、道德品质和文化素养，使学生有更多的获得感。增强思想政治理论课的针对性，既要深入分析大学生思想观念、价值取向、行为方式，把握学生心理发展规律、接受机制和成长成才规律，使思想政治理论课能够针对学生思想发展的实际；又要结合中国特色社会

主义实践中的重大现实问题进行解疑释惑，教育引导学生正确认识世界和中国发展大势，正确认识中国特色和国际比较，正确认识时代责任和历史使命，使思想政治理论课能够针对社会发展的实际。增强思想政治理论课的针对性，既要立足现实，也要着眼未来，不仅要解决"切实管用"问题，也要关照"终身受益"问题。要教育引导学生坚持理论与实际相结合，真正掌握马克思主义的基本立场、观点和方法。要引导大学生学习掌握世界物质统一性原理，坚持从客观实际出发规划人生、谋划未来；学习和运用矛盾分析方法，积极面对和化解学习、生活、工作中遇到的矛盾与困难，不断增强辩证思维能力，提高驾驭复杂局面、处理复杂问题的能力；学习掌握认识和实践辩证关系的原理，在实践中求真知，并学会运用理论去指导新的实践；等等。总之，要使学生在思想政治理论课中汲取做人做事的智慧，获得放飞人生梦想的强大思想力量。

## 第二节　增强高校思想政治理论课的亲和力与针对性

亲和力、针对性是提升思想政治理论课教学效果的基本因素，也是把思想政治理论课建设成为学生真心喜爱、终身受益课程的努力方向。破解当前思想政治理论课存在的亲和力不够、针对性有待提升等突出问题与短板，就要认真学习领会、切实贯彻落实习近平在全国高校思想政治工作会议上的重要讲话精神，聚焦教材、教学、评价，切实提升思想政治理论课亲和力，使思想政治理论课被学生"真心喜爱"；以围绕学生、关照学生、服务学生为关键，着力增强思想政治理论课针对性，使思想政治理论课"切实管用"。

### 一、聚焦教材、教学、考核，切实提升思想政治理论课的亲和力

"亲其师，信其道，践其行"，这是思政课亲和力的生动体现与基本要求。针对时下思政课建设的客观实际，我们应着力从教材、教学、考核等方面，发现短板并致力实现突破，使思政课被学生"真心喜爱"。

第一，增强教材亲和力。在提高思政课亲和力这一系统工程中，增强教材亲和力是前提和基础。自"05方案"实施以来，思政课统编教材的编写被纳入马克思主义理论研究和建设工程，确保了教材的权威性、科学性、准确性，但在可读性、生动性方面还有较大提升空间。应抓好统编教材修订契机，紧扣社会形势变化与学生思想实际，对教材的框架体系、内容结构、文字表述进行修订、补充和完善，使其确保与时俱进的品格，及时充分反映马克思主义中国化最新成果和中国特色社会主义最新实践，及时充分吸收高校一线师生的意见和建议，进一步增强说理性、说服力和可读性、耐读性，不断增强统编教材的亲和力和吸引力。必须以统编教材为龙头，以教师参考用书、学生辅学读本、教学指导资料

和理论普及读物为辅助，构建面向教师和学生不同对象、辐射本专科研究生各个层次的立体化教材体系。要着眼于促进教学，编写一批质量上乘、科学适用的教师参考用书；着眼于学生实际，编写一批思想精深、有趣管用的学生辅学读本；着眼于服务师生，编写一批形式新颖、可读性强的理论普及读物，为办好思政课提供更多读得进、记得住、用得上的教学资料与辅导用书。总之，要通过教材形式的变革、内容的创新和话语的转化，不断拉近思政课与大学生的距离，使大学生对思政课产生亲近感亲切感。

第二，增强教学亲和力。要认真抓好课堂教学这一基本环节，既要在教学内容上下功夫，也要在教学形式上有所创新，努力做到内容饱满、形式活泼，切实提高课堂出勤率和抬头率，为思政课"入耳、入脑、入心、入行"打开通道。一要在教材体系向教学体系转化上下功夫，真正做到融会贯通、熟练驾驭、精辟讲解，切实讲出理论的力量、理论的魅力，体现思政课的学术深度与理论高度，以深厚的理论功底、学术涵养而不是野史逸闻吸引学生，引领学生增强道路自信、理论自信、制度自信和文化自信。二要突出问题意识，着眼于中国特色社会主义建设事业新的实践和新的发展，着眼学生的思想状况和实际需求，科学设计教学内容、精心选择典型案例，讲出新意、讲出特色，通过对大学生关心的热点、难点、焦点问题的透视，强化社会引导，廓清模糊认识。三要突出方法创新，不断改革教学方法，逐步形成课堂教学、实践教学、网络教学相互支撑，理念先进、方法多样、管理高效、评价科学的教学方法体系，实现方法创新与教学内容的完美结合，以高超的讲课艺术吸引学生、感染学生、教育学生。

第三，增强考核亲和力。一些大学生认为思政课没有吸引力，其原因还与思政课考核内容单一、方式单调等问题紧密相关。应进一步创新考试考核办法，探索建立科学全面准确评价学生思政课学习效果的评价体系，通过考核内容生活化、考核形式多样化、考核过程全程化，增强思政课亲和力。一要坚持尊重学生主体性的理念，把考试和学习有效对接，考核内容围绕教学目标、围绕学生生活实际设置，注重开放性、实践性，激发学生进行自主性探究式学习，实现考试和学习深度贯通。二要创建多层次考核体系，以学生的课堂表现考核为主实施课堂考核，侧重评估学生的情感态度；以学生的社会实践活动、志愿者活动、社团活动和日常行为表现等考核为主实施行为考核，侧重评估学生内化理论、践行价值的状况；以知识考核为主实施试卷考核，侧重评估学生对马克思主义基本知识的掌握程度和理论运用能力。三要注重过程考核，建立过程性动态考核方式，全程分阶段多次考核，使考核真正成为教学的内在环节，从而形成学生全程参与学习的倒逼机制。

## 二、围绕学生、关照学生、服务学生，增强思想政治理论课的针对性

思政课教学关系高校培养什么样的人、如何培养人以及为谁培养人这个根本问题，从根本上说是做人的工作，其出发点和落脚点都是学生，最终的目的、最核心的任务是培养社会主义事业建设者和接班人。"盲人骑瞎马，夜半临深池"，没有明确的指向性即针对

性，思政课就有迷失方向、落后于时代的危险。当前思政课在针对学生现实关注、针对学生身心实际、针对学生发展需要等方面，还存在不少提升的空间。切实增强思政课针对性，有的放矢上好思政课，必须"目中有人"，抓好围绕学生、关照学生、服务学生这三个关键环节，不断提高学生思想水平、政治觉悟、道德品质、文化素养，使思政课"切实管用"。

第一，抓好围绕学生这个出发点。围绕学生就是要围绕学生的所需、所惑、所喜进行教学，思政课教学目标的设置、教学内容的选择、教学方法的使用等思政课教学各环节都要围绕学生开展。

一是围绕学生所需设置有针对性的教学目标。要把立德树人作为中心环节，围绕学生全面发展，建立起增进知识、培养能力、培育情感、践行价值的思政课教学目标体系，引导学生形成对马克思主义理论的理论认同、情感认同、价值认同、实践认同。"知识、能力、情感态度、行为"层级递进又相互融合，知识目标是基础，能力目标是主体，情感态度目标是核心，行为目标是归宿。"知识目标"着眼于提高学生对马克思主义基本理论的认知和理解，"能力目标"着眼于增强学生运用马克思主义理论分析、解决问题的能力，"情感态度目标"着眼于培养学生对马克思主义理论及其蕴含价值的情感认同、自信态度和正确价值观，"行为目标"着眼于引导学生将所学理论内化于心、外化于行。

二是围绕学生所惑选择有针对性的教学内容。高校是各种思想和社会思潮的聚集地，正处于价值观形成期的大学生很容易受到各种错误思潮的影响。教师应在吃透教材精神，准确把握教材内容的基础上，结合课程要求、中国特色社会主义实践中的重大现实问题、学生普遍关心的热难点问题，梳理出教学的重点难点，特别是对讲不深、讲不透而又是思政课教学必须回答的问题进行深入研究，通过互动交流、讨论启发、案例分析等，有针对性地解疑释惑，教育引导学生正确认识世界和中国发展大势，正确认识中国特色和国际比较，正确认识时代责任和历史使命，正确认识远大抱负和脚踏实地。

三是围绕学生的喜好选择有针对性的教学方法。应充分考虑学生的思维方式、心理特点和接受习惯，想方设法调动学生的积极性和主动性，针对不同的教学对象、教学内容选择不同的教学方法，将深刻的理论分析与生动鲜活的案例、新颖活泼的形式结合起来，达到润物细无声的教学效果。

第二，抓好关照学生这个关键点。当代中国大学生的经历阅历、个人追求差异性大，带有鲜明的时代烙印。抓好关照学生这个关键点，必须深入分析大学生思想观念、价值取向、行为方式，把握学生心理发展规律、接受机制和成长成才规律，因事而化、因时而进、因势而新，扎实推进思政课教学。

一是关照学生喜动爱玩的个性特性，"因事而化"增强思政课针对性。因事而化，即借助相应的事情而实施教化，将化育人心的工作与相应的实际工作结合起来一道去做。实践教学作为思政课教学的重要环节，是"因事而化"的重要载体。大学生要成长为国家栋梁之材，既要读万卷书，从书本上汲取养分；又要行万里路，在丰富多彩、积极向上的社会实践中得到锤炼。思政课实践教学"因事而化"，就是要将理论教学和实践教学自始至终贯穿到思政课教学全过程，让课堂走出教室，让理论走出教材，把远大抱负落实到实际行动中。在内化于心的基础上，切实发挥社会实践的砥砺品质的作用，组织大学生在与工人、农民、基层干部、科技人员的接触中滋养作风、认识国情，在科研生产一线实践中发现新知、运用真知、探索未知，实现教书育人与实践育人的有机统一。

二是关照大学生网络化的生活方式，"因时而进"增强思政课教学针对性。当代大学生的大部分信息都从网上获取，网络化学习、网络化生活、网络化娱乐已成为他们的新常态，可以说是无人不网、无日不网、无事不网。思政课教学的许多新情况新问题也往往因网而生、因网而兴、因网而增。我们应将互联网视为引导学生思想、凝聚政治共识的"新战场"，根据社会热点、学生关注、学校特色，将思政课教学与互联网新技术、新方法、新思维深度融合，主动利用慕课、微课、翻转课堂等网络教学形式，占领网络思想政治教育阵地。

三是关照学生所处的时代趋势，"因势而新"增强思政课教学针对性。思政课的"因势而新"，要求在遵循思想政治工作规律，遵循教书育人规律，遵循学生成长规律的前提下，根据历史进步的大趋势和社会发展的新形势不断创新。

第三，抓好服务学生这个落脚点。思政课的最终使命是服务学生，服务于学生成长发展需求和期待是思政课教学的中心任务、核心目标和评价工作成效的根本标准。

一是服务于学生思想水平的提升。思想是灵魂，是指南。有了正确的思想，才可以形成正确的行动。对于大学生而言，面对世界的深刻复杂变化，面对信息时代各种思潮的相互激荡，面对纷繁多变、鱼龙混杂、泥沙俱下的社会现象，面对学业、情感、职业选择等多方面的考量，必须树立正确的世界观、人生观、价值观。适应大学生健康成长的迫切需要，思政课应发挥其应有的功能和作用，帮助大学生"扣好人生第一粒扣子"。

二是服务于学生政治觉悟的提升。政治观是人们对党和国家的路线、方针和政策的根本立场、根本态度和根本看法。当前"95后"大学生的政治观在主流上是正确的，但是，在过度娱乐化、个体化的时代氛围下，也表现出政治冷漠的倾向。要通过思政课教学，促使大学生树立起正确的政治意识，为人民服务，为中国共产党治国理政服务，为巩固和发展中国特色社会主义制度服务，为改革开放和社会主义现代化建设服务。

三是服务于学生道德品质的提升。当前大学生朝气蓬勃、好学上进、视野宽广、开放自信，但也存在着如不懂感恩、诚信不足、爱慕虚荣、过于自我等问题，迫切需要通过道德教育来提高其道德素养。

四是服务于学生文化素养的提升。要坚持思政课与文化素质教育的一致性，深刻挖掘思政课的文化底蕴，充分发挥思政课具有的文化素质教育功能，使思政课服务于学生文化素养的提升。

# 第三节 "基础"课教学质量的提升研究

为了贯彻落实全国高校思想政治工作会议精神，教育部党组把 2017 年确定为"高校思想政治理论课教学质量年"，并制定了《2017 年高校思想政治理论课教学质量年专项工作总体方案》。按照教育部的工作部署，教育部高校思想政治理论课教学指导委员会"思想道德修养与法律基础"分教指委 18 位委员，于 2017 年 4 月至 6 月进行了实地听课调研。在实地听课调研活动中，我先后赴广西、海南、北京等省、市听了 16 所高校的思政课，并在调研结束后主持召开了"基础"课分教指委举办的调研交流研讨会，有很多的切身体会。结合这次思政课教学质量年专项工作的实践体验，就如何提升"基础"课教学质量这一问题，谈如下几点粗浅的思考：

1. 客观把握"基础"课教学实际，增强课程自信，针对现存问题，找准"基础"课教学质量的发力点，是提升"基础"课教学质量的逻辑起点

同高校思想政治理论课的其他各门课程一样，"基础"课教学质量的提升，是一个永远在路上、不断在更新的话题，是一个在解决教学中遇到的新问题、新矛盾的实践中不断发展提高的过程。提升"基础"课教学质量，有着很强的现实性和针对性，因此，带着问题意识，把握好"基础"课教学的客观实际，是提升"基础"课教学质量工作的前提要求。教育部把 2017 年确定为"高校思想政治理论课教学质量年"，开局部署的第一项任务就是组织专家进行大规模的实地听课调研。本次听课调研采取随机听课、面对面指导、专题座谈等方式，"基础"课分教指委 18 位委员与地方党委教育部门相关负责同志、有关高校领导、广大师生，就课程设置和讲授方式方法、教师队伍建设和课程效果评价等方面的情况进行了深度的交流和探讨，对"基础"课教学的现实状况有了真实的了解，这为"基础"课教学质量的提升奠定了事实基础。

参加听课调研的"基础"课分教指委专家们一致认为，各地各高校认真贯彻落实党中央关于高校思想政治理论课建设的有关文件精神，贯彻落实习近平总书记在全国高校思想政治工作会议上的讲话精神，立足实际、科学谋划，协同联动、齐抓共管，着力推动高校思想政治理论课在改进中加强、在创新中提高，取得显著的建设效果。"基础"课同高校思想政治理论课的其他各门课一样，其教学质量和效果都有了"明显改善"，主要表现在如下方面：首先，教师基本素质普遍较好、教学基本功扎实。各校任课教师，都具备较好的思想政治素质，政治立场坚定正确，思想观点入主流少偏激，在教学中注重发挥"基础"课作为高校思想政治理论课的正确价值导向和思想引领作用；教学态度认真，言行举止得体，遵守教学纪律，教学基本功扎实，精神状态努力向上。其次，多数课堂都能遵循

统编教材的基本要求，按照教学目标设计教学内容，都能够在理论与实际的结合上辩证分析社会现实、清晰阐释基本理论。最后，积极推进教学方法创新，不断深化教学改革。大部分教师都不断改革教学方式与方法，增强了调动学生参与课堂、加强师生互动、生生互动的意识，并进行了多样化教学方法的尝试；授课教师都能综合运用现代信息技术手段制作课件，既有图片、文字的展示，又有视频、音频的衔接；不少高校都在探索建立多元考核评价体系，将期末考试与过程考核相结合，丰富了试卷考核、论文考核、调研报告考核等期末考试形式，增加了网络考试、实践考核、专题研讨、主题发言、课外自学等过程性考核的比重；各地各高校积极整合实践教学资源，丰富实践育人途径，完善实践教学体系，延伸拓展教学空间。

通过听课调研，也发现了不少高校思政课建设中存在的急需改进的问题。

第一，队伍建设与中央要求存在差距。专职教师数量不足，专职教师年均教学任务远高于其他专业课教师的年工作量，有的学校教师教学工作量过大、超负荷运转现象严重。从总体看，教师的素质和能力还有较大的提升空间。与其他学科相比，本学科中具有影响力的中青年教学领军人物与学术带头人相对缺乏，中青年教师核心学术成果偏少，缺乏有影响力的代表作。

第二，课堂教学的顶层设计不够科学合理。有的教师对课程的性质、教材内容框架与教学目标把握不到位，在教学中缺乏清晰的教学目标，出现了重知识传授、轻价值引领的偏差；有的课堂教学内容不完整，课时安排不合理；有的课堂教学重点、难点不突出，缺乏吸引力、感染力。

第三，课堂教学的针对性亟待增强。部分教师对教材的重点、难点问题的深层理论研究、分析和阐释不够，一般性阐述多，针对性思考少，不能有效应对学生的思想和理论困惑。

第四，游离于教学目标，片面地追求教学方法创新。有的教师片面地追求教学方法的运用带给课堂的改变，如案例展示的生动性、小组讨论的活跃性、探究学习的主体性，却没有深层次地去思考这些方法的运用，是否有效地实现了教学目标。一些教学方法的运用，没有处理好教师主导与学生主体的关系，过分迎合学生趣味，带来了课堂的生动性，却丢失了课堂教学内容的思想性、理论性和科学性。

第五，教学管理规范性有待提高。部分学校变相压缩思政课课堂教学课时，特别是通过实践教学的方式来挤占、压缩课堂教学时间。教学规模过大，相当一部分高校没有达到教育部规定的中班教学要求，部分高校课堂规模高达150～300人，这严重影响了思政课的教学效果。

辩证客观地看待"基础"课教学的发展态势，是新的历史条件下提升"基础"课教学质量的逻辑起点。肯定"基础"课教学的历史成就和重要贡献，就是要树立学科和课堂自信，信心饱满地迎接面临的各种挑战，及时抓住时代机遇，奋力开拓"基础"课建设的新篇章；实事求是地梳理分析"基础"课建设过程中存在的问题和差距，就是要增强问题意识，在破解问题中前进发展，增强质量提升的针对性和可操作性。

2. 坚持以教材为遵循，明确教学目标，规范教学内容，科学安排教学时间，彰显"基础"课堂的理论性和实践性，是提升"基础"课教学质量的基础工程

在由多种要素构成的课程建设中，教材建设是根本，是首要环节。高校思想政治理论课"05方案"实施以来，"基础"课教材作为马克思主义理论研究和建设工程重点教材，在高校思想政治理论课教材编写领导小组领导下组织编写。2006年出版使用后，为了更及时、更充分地反映党的理论创新和实践创新成果，反映广大师生的意见和建议，在中宣部、教育部的直接领导下，课题组对教材进行了多次修订。"基础"课教材经过几次修订，越来越趋于完善，以其严谨的理论体系、规范正确的理论阐释等，受到广大一线任课教师的好评，在我国思想理论界尤其是思想政治教育领域产生了广泛影响。对"基础"课教材所予以的肯定性评价，并不是说它已经尽善尽美，而是在修订教材的过程中，始终坚持与时俱进的理念，从体系结构到章节设计、内容安排，再到话语体系的转化，都看到了教材的修订空间，或者说教材的短板和薄弱环节。例如，教材中"思想道德修养"与"法律基础"这两部分内容的有机融合、"法律基础"部分的内容安排以及教材的归宿点等问题，都需要在进一步深化研究的基础上进行修订和补充。这些问题的存在是客观的，是已经被认识并正在协同攻关的问题，它并不影响教材的权威性和科学性。

"05方案"实施十多年来，我们一直强调要把教材作为基本遵循，实现好教材体系向教学体系转化这一重要工作，并已经取得了实质性突破，积淀了丰富的经验。但从课堂的实际情况看，帮助一线任课教师全面深刻理解教材体系，正确把握好教材体系向教学体系转化的原则和方法，仍然是提升教学质量需要建设的基础工程。

首先，要正确把握教材体系与教学体系之间的必然联系，坚持教材体系向教学体系转化的正确方向。课程的教材体系与教学体系是两个既相互联系又相互区别的系统。实现教材体系向教学体系转化的主旨在于，按照教学大纲的基本要求，充分发挥教材的应有功能和作用。这里需要指出的是，"基础"课教材出版后，由于种种原因教材编写组没有及时编写出版教学大纲，为了帮助广大教师用好教材，2016年2月，按照《创新计划》的要求，高校思想政治理论课程研究中心组织编写了与2015年修订版相配套的"高校思想政治理论课教学系列用书"，其中，吴潜涛、武东生主编的《"思想道德修养与法律基础"课重点难点解析》一书，内容就是按照教学大纲的要求来设计的。一线教师应遵循教材的理论逻辑主线和编写思路，把握教材的主要内容和基本观点，了解教学的基本要求及教学应注意的问题，科学地设计每一节的教学时间，根据自己的风格和学生的接受状况，围绕主题、突出重点、灵活地讲读教材，将教材内容生活化、情景化、信息化，开拓和发展教材内容。教材体系向教学体系的转化，是一项严格按照教材的体系结构、章节内容以及教学大纲要求进行的创造性工作，既要力避照本宣科的僵化式教学，更要抵制"我的地盘我做

主"等"别出心裁"、另搞一套的所谓转化。

其次，要彰显理论课堂的风格和气派，用理论逻辑的魅力撞击学生的心灵。"基础"课堂本质上是理论课堂，要注重用理论逻辑的力量去感染学生、说服学生。"基础"课教师应具有深厚的理论修养和较高的学术造诣，应是善于解疑释惑引导大学生健康成长的人生导师，是善于把科学理论运用于实践的教学能手，要防止那种把严谨的理论体系"碎片化"、把高尚的价值追求"低俗化"的现象发生，更要杜绝那种流于肤浅、无聊的课堂杂耍。

最后，要正确处理教学目标与教学方法之间的关系。教学目标与教学方法的关系，是目的与手段的关系。使用任何一种新的教学方法，都是为实现教学目标服务的。在教学实践中，实现教学方法的改革和创新，对于增强课程的感染力、吸引力和实效性具有重要价值。近些年来，广大一线"基础"课教师，尝试了很多教学法，如案例法、分组讨论法、情景模拟实验法、探究学习法、视频衔接法等。值得我们注意的是，"基础"课教学方法的创新，是为了发挥学生的主观能动性，引导学生走出思想困惑和认识误区，是为了帮助学生探索成人成才的根本规律，把握思想品德形成、发展的深奥理论，要力避那种片面强调方法改革，淡化教学的理论性、思想性和价值引领性的现象发生。在继承中创新教学方法，还要注意避免顾此失彼的倾向。例如，在利用慕课教学（网络教学）时，既要搞好线上教学又要充分发挥好线下教学的作用；在注重新媒体的运用时，要避免过度视觉冲击而缺乏基本观点讲授的倾向；在运用案例教学时，既要讲好故事又不能忘记理论课堂的基本要求，深入浅出地讲清观点和问题；既要发挥学生的主体作用，更要发挥好教师的教育主体作用。

3. 聚焦亲和力和针对性，围绕学生成长需求，有说服力地阐释重大理论问题和实践问题，是提升"基础"课教学质量的"牛鼻子"工程

在听课调研中，我们切身体验到，一些"基础"课课堂问题意识不强，理论与实践脱节；一些教师或者自说自话，缺乏对现实问题和学生思想实际的关注，或者理论底气不足，在学生关切的理论问题和实际问题的阐释上缺乏自信，不能把道理讲透彻，说服力不强，缺乏吸引力、感染力。同时，在一门课程亲和力的整体要素中，教学的亲和力是基本要求。认真贯彻落实习近平总书记的重要论述，在增强教育的亲和力和针对性上取得突破性进展，是提升"基础"课教学质量的"牛鼻子"工程。一线教师要在吃透教材内容的基础上，着眼于中国特色社会主义建设事业新的实践和新的发展，着眼学生的思想状况和实际需求，学会用身边的故事、接地气的家常话，生动阐释马克思主义的基本原理，用人格魅力感染学生、影响学生，使学生对课程产生亲近感和亲切感。

4. 凝练马克思主义理论学科思想政治教育科研方向，实现学科建设与课堂教学的有机结合，是提升"基础"课教学质量的"学理依托"工程

马克思主义理论学科，是高校思想政治理论课的支撑学科，建设好马克思主义理论

学科，是提升高校思想政治理论课教学质量的"学理依托"工程。与"基础"课建设直接关联的是思想政治教育学科，它作为马克思主义理论一级学科下属的一个二级学科，从设立起，其学科属性、定位和功能都是非常明确的。服务于"基础"课教学，凝练思想政治教育学科方向，守望"基础"课教学实践园地，及时并善于在教学实践中捕捉、研究、破解问题，为高校思政课建设提供强有力的学科支撑和理论支持，对于提升"基础"课教学质量具有重要的理论和实践价值，这也是思想政治教育学科建设亟须解决的重要课题。

# 第七章　高校思想政治理论课教学内容拓展研究

## 第一节　高校思想政治理论课教学中劳模精神的融入研究

劳模精神生动诠释了社会主义核心价值观，它是社会主义核心价值观的重要构成和精髓要义。劳模精神继承了中华优秀传统文化的精华并赋予其新的时代内涵，与中国特色社会主义发展要求相契合。劳模精神与中国共产党的革命精神、社会主义建设精神一脉相承又与时俱进，为人民服务的根本价值取向、达到共同富裕的价值追求和实现人的自由而全面发展的价值理想贯穿其中。劳动模范是坚持中国道路、弘扬中国精神、凝聚中国力量的楷模，劳模精神丰富和发展了中国精神的内涵。劳动模范是先进生产力的代表，是实现"中国梦"的主力军，是践行社会主义核心价值观的楷模，劳模精神理应成为新时代思想政治教育内容的主体之一。劳模精神融入大学生思想政治理论课教学，可以提升高校思想政治理论课的针对性和实效性，能更好地落细、落实社会主义核心价值观的要求，是破解思想政治教育中存在的泛华虚化问题、创造性开展教育工作的有效方式。

### 一、劳模精神的基本内涵

劳模精神内涵的三个方面是相互联系的，爱岗敬业、争创一流是劳模的目标追求，艰苦奋斗、勇于创新是劳模的精神风貌，淡泊名利、甘于奉献是劳模的思想境界。没有劳模的艰苦奋斗、勇于创新的精神风貌，就难以实现他们爱岗敬业、争创一流的目标追求。没有劳模的淡泊名利、甘于奉献的思想境界，就不能很好地体现他们艰苦奋斗、勇于创新的精神风貌。❶

爱岗敬业、争创一流是劳模精神的本质特征。劳动模范是中国梦的领跑人，他们用自身模范行为带动广大群众立足本职、尽职尽责、精益求精，在平凡工作岗位上作出不平凡

---

❶　徐大慰．劳模精神研究［M］．芜湖：安徽师范大学出版社，2020：28．

的业绩，打牢实现中国梦的坚实根基。浙江省劳动模范吴斌突遭重创时临危不乱，强忍剧痛将车停稳，用生命践行了忠于职守的职业观，被人们誉为"最美司机"。15 年来，劳动模范郭明义每天凌晨 4 点半起床，提前 2 小时上班，穿梭在 40 多公里的矿山作业面，步行至少 10 公里。他没有休息一个节假日，仅义务奉献的工作日，相当于多干了 5 年的工作量。

艰苦奋斗、勇于创新是劳模精神的品质体现。劳动模范是辛勤劳动、创新劳动的实践者，他们解放思想、奋发图强、敢为人先，把自己先进的工作理念和技术技能传授给普通群众，带动广大群众拓展新视野、掌握新知识、增强新本领，为实现中国梦凝聚力量。20 世纪 60 年代以来，全国劳动模范袁隆平院士使中国在矮杆水稻、杂交水稻育种和超级杂交水稻育种上领先世界水平。20 世纪 70 年代初，袁隆平发表水稻有杂交优势的观点，打破了自花授粉作物育种的禁区，被誉为"世界杂交水稻之父"。

淡泊名利、甘于奉献是劳模精神的优秀品格。劳模有强烈的事业心和高度的责任感，对党和人民极端负责，他们默默地为祖国和人民奉献一切，却从不计较名利得失，吃苦在前，享受在后。申纪兰是第一届至第十二届全国人大代表，1952 年、1978 年、1989 年三次被评为全国劳动模范。60 多年来，她没有离开过西沟村，不离开劳动岗位。当选山西省妇联主任时，她郑重地向组织提出："我永远是一个普通农民，不领工资，不转户口，不定级别，不配专车。"她对此有一个朴素的解释："党员干部的本色是啥？是劳动，是奉献，是服务。"全国劳动模范吴仁宝带领华西村干部群众缔造了"天下第一村"的奇迹，但他始终以淡泊名利、甘于奉献精神严格要求自己，从 20 世纪 70 年代起，他就给自己立下了"三不"规矩：不住全村最好房子，不拿全村最高工资，不拿全村最高奖金。这些年他应得的奖金累计超过 1.3 亿元，可他分文不取，全部留给集体。

工人阶级先进性是劳模精神的本质属性。中国工人伟大品格是中国工人阶级先进性的具体表现，其内涵可以概括为信念坚定、立场鲜明，艰苦奋斗、勇于奉献。胸怀大局、纪律严明，开拓创新、自强不息四个方面。

"信念坚定、立场鲜明"是指中国工人的政治本色。中国工人坚持以科学理论武装自己，坚决拥护中国共产党的领导，拥护社会主义制度，拥护党的路线方针政策，在思想上、政治上、行动上始终与党中央保持一致，热爱祖国、热爱人民，具有建设中国特色社会主义的坚定信念，反映了工人阶级坚定而一贯的政治立场和理想信念。"艰苦奋斗、勇于奉献"是指工人阶级的价值取向。中国工人始终爱岗敬业、恪尽职守，吃苦耐劳、坚忍不拔，自力更生、迎难而上，为国家分忧、替企业解难，体现了工人阶级大公无私、不怕牺牲的高尚情操。"胸怀大局、纪律严明"是指中国工人的光荣传统。中国工人具有强烈的集体主义观念和团结协作意识，坚持识大体、顾大局，正确对待国家、集体、个人间的利益关系，表现了工人阶级严密的组织性、纪律性。"开拓创新、自强不息"是指中国工人的进取精神。中国工人具有强烈的开拓意识、创新意识和敢为人先的首创精神，以及高度的历史使命感、责任感，勤于学习、善于实践，积极掌握新知识、努力增强新技能，主动应对各种挑战，不断提升自身素质，凸显了工人阶级与时俱进的阶级秉性。

中国工人伟大品格内涵的四个方面相互联系、不可分割，共同构成了一个有机整体，它是工人阶级先进性的具体人格化表现，既体现了中国工人阶级先进性，又反映了中国工人独特品质，也是新时期劳模精神的生动体现。

主人翁意识是劳模精神的内在本质。所谓主人翁意识，就是以当家作主的态度，从事生产劳动、参与管理集体和国家事务的精神心理。从国家设计层面而言，每一个劳动者都是社会主义国家的主人；但在具体的思想意识和实践层面，缘于劳动者自身的劳动价值观、劳动品格、劳动态度、劳动素养等方面的原因，并未能将此种主人翁意识践行于日常的工作生活之中，也就很难实现踏实劳动、积极劳动、主动劳动、勤勉劳动和创造性劳动，甚至出现轻视劳动、不想劳动、不会劳动、不珍惜劳动成果等问题。"把国事当家事、把自己当主角"，正是因为自觉的、强烈的主人翁意识，劳模才以车间为家、以厂为家、以企为家、以单位为家、以国为家，才具有积极主动的岗位意识、职业意识、进取精神和创新精神，才能够扎根基层、服务企业、奉献社会，才能够在平凡的岗位上取得不平凡的工作业绩，才能够在本职工作中充分发挥积极性、主动性和创造性，才能够艰苦奋斗、淡泊名利、甘于奉献，自觉把人生理想、家庭幸福融入国家富强、民族复兴的伟业之中，最终建构起个人与集体、个人梦与中国梦、个人家庭与国家民族融合统一的发展共同体和命运共同体。

2013 年 4 月 28 日，习近平总书记在全国劳动模范代表座谈时，表示劳模精神本质上体现为"我要劳动"的精神，体现为"自己为自己劳动、自己管理自己、自己成就自己、自己通过劳动实现自己"的精神。正是因为把自己视为企业、集体、国家的主人，劳模精神才解决了主客体之间的分裂和异化，构建了劳动者与其劳动对象之间的统一性关系。广大劳模尽管所处时代不同、岗位各异，但他们都始终不渝地忠诚于党和人民的事业，始终紧紧跟随党的前进步伐、站在时代前列，始终热爱人民、不脱离群众，用他们自己的汗水和智慧，在共和国的历史上写下了浓墨重彩的篇章。

## 二、劳模精神的主要内容

爱岗敬业。爱岗就是热爱自己的工作岗位，热爱自己的本职工作；敬业就是以极端负责的态度对待自己的工作。爱岗和敬业互为前提，相辅相成。爱岗是敬业的基石，敬业是爱岗的升华。"爱岗敬业，是一种崇高的职业理想，一种较真的职业道德，一种细致的职业作风；就要有一股子干劲、拼劲、闯劲，有一股子'干一行、爱一行、专一行、精一行'的'傻劲'。"[1] 1988 年以来，全国劳模马军武和妻子在极端艰苦的环境条件下，甘于

---

[1] 肖群忠. 敬业精神新论 [J]. 燕山大学学报，2009，10（2）：28-32.

清贫，甘于寂寞，以哨所为家，风雨无阻地在 20 多公里长的边境线上从事巡边、守水、护林任务。他们始终保持着对工作的热情，从小事做起，从点滴做起，才能在平凡的工作岗位上作出卓越的成绩。

争创一流。争创一流是走在时代前列的刻度和标志，它是一种积极向上的精神风貌，可以内化为每个人的工作动力之源。劳动模范立足岗位勤奋工作，努力作出一流业绩，产出一流产品，创造一流成果，提供一流服务。他们无论从事什么工作，不干则已，干则干好、干出精品，努力做到思想第一、目标第一、工作第一、成绩第一。❶ 要达到争创一流的目标，必须付出相应的责任、风险、体力、脑力、时间等代价。全国劳模许振超始终坚持"干就干一流、争就争第一"的目标，在工作中他练就了"一钩准""一钩净""无声响操作"等绝活，模范地带出了"王啸飞燕""显新穿针""刘洋神绳"等一大批具有社会影响的工作品牌。他树立了争创一流的目标，创造了世界一流的工作效率，在平凡的岗位上作出了不平凡的贡献。

艰苦奋斗。它是一种精神追求、工作作风和生活态度，在物质层面要求人们勤俭节约、克服安逸享受的思想；在精神层面要求人们不畏艰难困苦、锐意进取。奋斗是人生不变的主题，吃苦是成功的必经过程。铁人王进喜在恶劣的环境和简陋的条件下，以"宁可少活 20 年，拼命也要拿下大油田"的忘我拼搏精神；以"一不怕苦，二不怕死""有条件要上，没有条件创造条件也要上"的艰苦奋斗精神，打出了一口口油井，成为中国工人阶级的光辉榜样。劳模的艰苦奋斗精神是综合性、全方位的渗透、贯穿于爱岗敬业、争创一流、淡泊名利、甘于奉献各个方面。

勇于创新。创新是一个民族进步的灵魂，是事业发展的不竭动力。创新的本质是突破，创新活动的核心是"新"，或是产品的结构、性能和外部特征的变革，或是造型设计、表现形式或手段的创新，或是内容的丰富和完善。全国劳模孔祥瑞则从一名只有初中文凭的码头工人成长为享誉全国的"蓝领专家"，先后主持开展技术革新项目 150 多个，获多项国家专利，为企业创效近 9600 万元。劳模通过岗位创新取得突出的成果和成绩，为"中国制造"升级为"中国创造"作出重要贡献。

淡泊名利。它需要一个人心不动于红利之欲，手不伸于物流之诱，目不眩于七色之惑。一个人只有自省自警、严于律己、拒腐守廉，才能对个人的名誉、地位、利益等问题想得透、看得淡，保持一种"物利两忘"的淡泊心态，才能耐得住寂寞，抗得住诱惑，守得住清贫，管得住小节。全国劳模苏永地被称为"石油神探"，他虽然有大量的创新成果，在国内业界名气很大，但与同事合作的众多成果中，却鲜见他把自己的名字放在首位。事实上，这些课题大多是由他担纲完成的。劳模的业绩与淡泊名利的崇高精神密不可分，许多劳模几十年如一日，像螺丝钉一样把自己"拧"在平凡的工作岗位上，默默耕耘，奋斗

---

❶ 向德荣. 劳模精神职工读本 [M]. 北京：中国工人出版社，2016：101.

不息，并且能做到清心寡欲、淡泊名利、脚踏实地地实现自己的人生理想和生命价值，成为全社会尊敬的人物。

甘于奉献。奉献精神是指为了维护社会集体利益或他人利益，个人能够自觉地让渡、舍弃自身利益的一种高尚品格。奉献是一种美德，是推动社会发展的基石，是人类社会存在的基础。奉献是不计报酬的自愿付出，我为人人是奉献的实质，自我牺牲是奉献的核心。❶ 全国劳模郭明义以雷锋为坐标，16 年来，他累计捐款 12 万多元，先后资助 180 多名特困生，差不多花去他的全部收入的三分之一。

### 三、劳模精神融入思政课的方法

劳模精神融入"三进"。进教材是基础，进课堂是核心，进头脑是目的，达到劳模精神入耳、入脑、入心。"进教材"主要是把劳模精神"编成书"，重在"写清楚"。"进课堂"主要是"听其言"，重在把劳模精神"讲明白"。"进头脑"主要是指"信其理"，重在让学生对劳模精神能"听进去"。"进教材""进课堂"是途径和手段，"进头脑"是目的和标准。课堂是开展教育活动的主要阵地，上好思政课是对大学生进行思想政治教育最重要的环节，学校应该高度重视思政课的教学活动，在人力、物力、财力和制度保障等方面予以倾斜。作为思政课教师，也应该转化教学观念，切实提高课堂质量，在教学过程中，既要重视创新，更要注重实际，把追求教育的实效性放在首位。现在大学生目不离网的情况很普遍，单纯的"堵"、一味禁止上课用手机不是办法。要使思政课真正地活起来，需要因时而进、因势而新，变"堵"为"疏"，将之前传统的、行之有效的课堂教学方法同新媒体新技术结合起来，充分利用学生最喜闻乐见的获取信息和交流的手段，让手机成为教师的教具、学生的学具。教师提出问题，可以让学生利用手机查阅劳模的先进事迹，提高学生的课堂参与度，增强劳模精神的吸引力，进而提高思政课的教学效果。

劳模精神融入实践实习。当前高校思想政治教育实施的过程中，过于重视政治理论观点的传输，轻视实践的作用。而大学生往往对僵硬死板的政治思想、理论观点不感兴趣，甚至有抵触的心理，从而阻碍了思想政治教育的实施，造成了知行脱节。《中华人民共和国教育法》规定，教育必须与生产劳动和社会实践相结合。实践育人是教育的内在诉求，是学生发展的基本要求，是帮助学生了解国情、热爱祖国、开阔眼界、增长知识的主要途径，是落实立德树人根本任务的要求。在高等教育阶段，实践育人表现为学生参与科学研究、技术开发和推广以及丰富多彩的社会实践活动等。劳模精神融入实践实习，可以通过"请进来（劳模进课堂）、走出去（学生参观劳模工作室）"、建立实践实习基地等形式，发挥实践育人的功能。上海市总工会与上海第二工业大学合作共建上海劳模学院，全国著名劳模、二工大杰出校友包起帆受聘出任上海劳模学院院长。上海劳模学院还将探索劳模

---

❶ 向德荣. 劳模精神职工读本 [M]. 北京：中国工人出版社，2016：199.

文化育人新模式,开展劳模精神进校园活动。学院将组织劳模和大国工匠进校园、进课堂,打造新时代劳模精神与创新创业创造、职业信用等品牌讲座、思政金课和特色教材,深化劳模和大国工匠进校园协同育人。

劳模精神融入校园文化。校园文化是以学生为主体,以课外文化活动为主要内容,以校园为主要空间,以校园精神为主要特征的一种群体文化。❶ 校园文化是思想政治教育的有效载体,校园文化渗透着世界观、人生观、价值观教育,渗透着集体主义、爱国主义教育,渗透着意志品质教育和审美教育。良好的校园文化有利于健全学生的人格,有利于规范学生的言行举止,有利于引导大学生发挥自己在思想政治教育活动中的主体作用。校园文化环境的发展变化会推动人的思想观念、价值追求等的变化。校园文化环境是一种无形的感染力量,它能影响人的思想、陶冶人的情操,使人在潜移默化中获得教育。校园文化环境作为一种巨大的精神力量,对于人们的行为具有强大的制约力。❷ 劳模精神融入校园文化,可以通过思政大讲堂、劳模图书展、音乐剧、墙报等形式,宣传劳模精神,打造文化品牌。校园设立思政大讲堂,定期邀请劳动模范做讲座,有目的地对学生进行劳模精神教育。还可以把劳模故事编成音乐剧,在校园活动期间演出。

劳模精神融入日常生活。大学生思想政治教育融入日常生活,就是以大学生的现实生活为中心去开展教育,充分考虑大学生的现实需要,这为思想政治教育的实施创造了一个和谐愉悦的氛围,教育对象乐于接受教育,并且能够激发他们的主动性与创造性,激发情感;推动了思想政治教育工作的落实,促成知与行相结合,增加了思想政治教育的实施成效。❸ 劳模精神融入日常生活,需要通过劳动模范的生命叙事开展道德教育。劳模生命叙事中蕴涵着促进个体生命道德潜能实现的功效,其本身既是挖掘个体生命道德教育资源的过程,也是一种道德教育的过程,它体现着道德意识与道德行为。应用生命叙事进行道德教育,要注重生命叙事的情景设计、故事选择、主题捕捉和方式表达。建设一个大力弘扬劳模精神的校园生态环境,是思想政治教育生活化的一个重要手段。要使劳模精神真正为当代大学生所认同、所接受,并内化为稳定的价值信仰、思维方式和行为指南,就需要将劳模精神融入大学生生活的校园环境建设,通过美好校园建设,让劳模精神变成大学生日常生活的一个有机组成部分,从而让学生融入其中并实现人格的升华。

❶ 沈状海,王培刚,段立国,等.中国大学生思想政治教育发展报告 2015[M].北京:北京师范大学出版社,2016:390.
❷ 张玉丰.新时代大学思想政治教育模式创新研究[M].北京:九州出版社,2019:106.
❸ 宋广益.思想政治教育的生活化研究[M].长春:东北师范大学出版社,2018:43.

# 第二节　教学体系中大学生志愿服务的融入研究

大学生志愿服务中所体现的奉献、友爱、互助、进步等志愿精神与"思想道德修养与法律基础"课的育人目标具有高度的契合性，将大学生志愿服务纳入基础课的教学体系之中，不仅有助于提高"基础"课的针对性、有效性和实践性，而且有助于推动大学生志愿服务的进一步深入发展，更有助于推动大学生实现知行合一、人格完善。

## 一、大学生志愿服务与基础课育人目标的契合性

志愿服务，是指志愿者、志愿服务组织和其他组织自愿、无偿向社会或者他人提供的公益服务。大学生志愿服务是指以大学生为主体的自愿、无偿向社会或他人提供的公益服务。

中国最早的志愿服务行动是在改革开放以后，在与国际志愿服务组织交流和合作的过程中，在我国本土"学雷锋"活动的基础上逐渐诞生和发展起来的。1980年，联合国开发计划署、联合国志愿人员组织与中国政府合作，在北京建立了办事处，介绍国际志愿者进入中国开展服务，同时招募中国志愿者到外国服务，以引起青年对志愿服务的关注和热情。从此之后，以"志愿服务"之名在社会中开展志愿服务活动渐渐兴起，相关志愿组织也随之建立。1983年，北京大栅栏街道在继承"学雷锋"精神的基础上，结合现代志愿精神，创造了"综合包户"志愿服务。1989年，天津市朝阳社区创办"社区志愿服务团队"。在志愿活动开展过程中，我国的志愿服务将20世纪60年代以来在青年中持续开展的"学雷锋"活动与国际社会的志愿服务有机结合，成为我国青年志愿服务诞生和发展的基础。[1]

1993年12月7日，共青团十三届二中全会正式通过《在建立社会主义市场经济体制进程中我国青年工作战略发展规划》，将开展青年志愿者活动作为面向全国青少年实施的"跨世纪青年文明工程"，作为学雷锋活动经常化的一种有效形式，广泛招募各界青年参加，并将现有青年服务队的活动逐步纳入青年志愿者活动之中。[2] 12月9日，团中央、铁道部在全国范围内组织动员第一批青年志愿者在京广铁路沿线高举"青年志愿者"的旗帜，开展"为旅客送温暖"志愿服务活动。此后，全国40余万名大中专院校学生利用寒

---

[1] 谭建光.中国青年志愿服务的发展方向——新中国70年青年志愿服务回顾与展望[J].中国青年社会科学，2019（2）：102-108.
[2] 中国共青团第十三次团大会.在建立社会主义市场经济体制进程中我国青年工作战略发展规划[EB/OL]，[2006，12（20）].中国共青团网.

假在全国主要铁路沿线和车站组织"志愿者新春热心行动",这标志着"中国青年志愿者活动"的正式启动。截至 2016 年,我国共有各类高校志愿服务组织 36000 个,高校志愿者注册人数 2264 万人,累计服务时间约 1.65 亿小时❶。

从志愿服务兴起以来,大学生广泛参与了教育扶贫、文化下乡、服务西部、助力大型活动等领域的志愿服务,创出了一系列颇有社会影响力的知名项目,推动了大学生志愿服务广泛而持续的发展,为构建互助和谐的社会奉献了青春力量,发挥了重要的作用。1996年,团中央联合教育部等部门组织实施"大学生青年志愿者扶贫接力计划",采取公开招募、定期轮换、长期坚持的接力机制,组织动员大学生志愿者为贫困地区提供教育、医疗、农业等方面的志愿服务。2003 年,共青团中央、教育部、财政部等联合发起"大学生志愿服务西部计划",每年面向全国高校应届毕业生招募志愿者,前往西部贫困地区从事为期 1~3 年的志愿服务,服务内容包括教育、卫生、农技、扶贫、基层法律援助以及青年中心建设和管理等,从 2011 年 7 月开始,研究生支教团并入大学生志愿服务西部计划。❷ 2006 年 2 月,党中央组织部、人事部、教育部、财政部、农业部、卫生部、国务院扶贫办、共青团中央联合发布《关于组织开展高校毕业生到农村基层从事支教、支农、支医和扶贫工作的通知》,每年通过公开招募、自愿报名、组织选拔、集中派遣的方式,招募高校毕业生到经济欠发达地区的乡镇从事"三支一扶"等工作。

2008 年,中央精神文明建设指导委员会发布《关于深入开展志愿服务活动的意见》,指出要把志愿精神作为未成年人思想道德建设和大学生思想政治教育的重要内容,纳入学校的教育教学,体现到课堂教学、课外活动和社会实践中,不断增强广大青少年的志愿服务意识。2009 年,教育部印发《关于深入推进学生志愿服务活动的意见》,要求高校要把志愿精神作为进一步加强和改进大学生思想政治教育的重要内容,纳入思想政治理论课教育教学,在"思想道德修养与法律基础"课(以下简称"基础"课)中安排适当课时讲授相关内容,要在教学讨论和评价中增加宣传志愿精神的内容。要在学生社会实践活动中加大志愿服务的力度,积极引导学生利用社会实践的机会开展志愿服务活动。

根据中央文明办与教育部的指示,目前志愿服务的相关内容已经纳入"基础"课的教学内容,如培养学生服务人民、奉献社会的人生追求,培养学生树立高尚的理想信念,促进学生践行社会主义核心价值观,争做志愿者、积极投身道德实践等。志愿活动体现的互助、友爱、奉献、进步等精神与"基础"课的育人目标有许多契合之处,而大学生志愿服务正是以上培养目标的具体实践,将大学生志愿服务活动纳入"基础"课的教学体系,不仅有利于将理论与实践相结合,以促进"基础"课育人目标的真正实现,还有利于促进大学生志愿服务的广泛开展,将所学理论运用于实践,真正做到知行合一。

---

❶ 吴浩.《高校志愿服务发展报告》在蓉发布,高校志愿服务有了参照指标 [N].四川日报,2017-12-04.

❷ 丁伟.大学生志愿服务西部计划启动 [N].人民日报,2003-06-11.

## 二、将大学生志愿服务活动纳入基础课教学体系的必要性

　　"基础"课的教学内容涵盖了世界观、人生观和价值观、理想信念、中国精神、社会主义核心价值观、道德观和法律观等方面的内容。其育人目标在于培养知行合一、有思想有道德懂法律的时代新人，为建设社会主义事业奉献力量。将大学生志愿服务作为实践育人的重要方式纳入"基础"课教学体系中，不仅有助于构建以教师为主导、学生为主体的教学模式，而且也有助于推动"基础"课理论讲授与实践学习的结合度，提高教学的针对性和实效性，更有助于学生实现道德认知向道德行为的转化，促进知行合一，以实现人格养成。

　　从"基础"课教学中师生的角色来看，在传统的"基础"课授课过程中，老师是教学的主体，学生是教学的客体，教师按照教学大纲将教学内容灌输到学生脑中，学生进行被动吸收，再通过考试考核学生是否掌握了所教的理论知识。学生是否愿意主动学，学生是否主动参与教学过程，学生是否会将所学内容应用于实践，不属于教学重点关注的问题。这样的教学因缺少学生的主动参与渐渐成为教师在讲台上自说自话，学生在讲台下各行其是的局面。因而，要转变这种风气就应该改变这种忽视学生才是教学主体的做法，根据学生的学习需求与学习特点，调动学生课堂参与的积极性，发挥学生的主体作用，构建以教师为主导、学生为主体的教学模式。以教师为主导是指教师在教学活动中处于主导地位，教师进行教学设计，决定授课内容、授课方式、教学进度并进行教学管理。以学生为主体是指学生要发挥其自主性、能动性、创新性，参与课堂发言、小组讨论、情景模拟选择、辩论以及实践教学汇报展示等各种教学活动中，形成师生平等交流、全面互动的教学局面。这种主体性不仅体现在课内教学活动的参与上，更体现在课外实践活动的参与上。将大学生志愿服务作为一项重要的实践学习活动纳入"基础"课的教学体系，可以进一步激发学生的主体性。教师可以设计志愿服务理论讲授与实践学习相结合的教学内容，其中教师的角色在于理论指导、服务培训、组织管理、考核评估，学生的角色在于主动参与，在志愿服务中奉献自己的力量，学会关心他人、服务社会。无论是在课堂内的理论教学中还是在课堂外的实践教学中，当学生成为学习的主体，找到自主学习的动力，激发出学习的兴趣，教学的针对性和有效性才能够真正提高，教学的目的也将随之实现。

　　从"基础"课授课现状来看，在教学过程中，主要以理论讲授为主，呈现出重理论教学、轻实践教学，理论和实践结合不密切的问题。"纸上得来终觉浅，绝知此事要躬行"，理论学习学到的主要是知识和理论，而实践学习，需要将所学理论运用于实际，而通过社会实践就可以将两者有机结合起来，在实践学习中，不仅能学到知识，还能够认识社会，积累经验，锻炼做事的能力与为人处世的能力。在志愿服务的实践过程中，大学生能够近距离地观察生活，了解社会，了解社会中需要我们关心和帮助的人。了解志愿服务是如何从想法上升为行动，如何开展并顺利推进，又是如何逐步扩大影响，让更多人参与进来，

让更多人得到帮助的。另外，在开展志愿服务时，往往需要学会与志愿服务团队中的同伴进行协作，大学生还可以在服务实践中学会互动沟通、互相协作、齐心协力等能力。在服务实践中认识到为人民服务的朴素与光荣，认识到青春应该在奉献中实现自我价值，从而达到自我教育和自我提升的最终目的，而这些是仅靠理论学习无法达成的。

从"基础"课的育人目标来看，"基础"课的教学目标是培养学生实现知、情、意、行的统一，最终培养有社会责任感、愿意服务社会的社会主义建设者，知、情、意、行的统一是指对所学理论形成正确认知，对所学内容产生情感认同，再从情感认同转化为信念，最终将信念转化为实际行动。从"基础"课的教学实践来看，传统的"基础"课教学以理论讲授为主，实践教学很少或基本没有，而"基础"课的考核也仅仅是对理论认知部分的考核，呈现出将思想道德教育等同于知识教育的特点。而从教学效果来看，除了认知层面大学生做得比较好之外，在情、意、行三个层面都存在一定的问题，最突出的问题在于知行不统一。很多大学生对一些基本的道德原则是认同的，但一到践行层面，就会表现出知行背离，不能将道德认知运用于道德实践。而将大学生志愿服务纳入"基础"课教学体系，正好可以弥补"基础"课在培养学生道德践行环节的不足。大学生志愿服务的根本特征是无私奉献，是关爱他人、帮助他人，在关爱和帮助他人的过程中，体会到帮助他人摆脱困境的自豪之情，这种道德情感的培育更多是在实践中、在人与人的接触和交流中实现的，是在志愿服务过程中，在脸对脸、手拉手、心贴心的触动中实现的。正如休谟所说，感情是我们做出道德行为的发动机，正是这种关爱，使我们能设身处地地感受到他人所遭受的痛苦和不幸，使我们想要做点什么去改善他们的处境，也正是这种关爱的能力促使大学生将道德情感转化为道德实践，帮助他人、服务社会，真正实现知行合一，在道德实践中逐渐养成良好的道德品质、道德习惯，成为德才兼备的社会主义事业的建设者。

## 三、将大学生志愿服务活动纳入"基础"课教学体系的可操作性

将大学生志愿服务活动纳入"基础"课教学体系可以分三个板块进行。

首先，进行教学目标和内容的设计。将志愿服务作为实践学习纳入教学计划，需要设置志愿服务专题，整个专题分两次课（6学时）进行，一次课（3学时）进行志愿服务的理论讲授，包括志愿服务的精神、志愿服务的兴起和发展、大学生志愿服务的特点和社会价值等内容。随后在课堂上进行志愿服务任务的布置、志愿服务中的注意事项等行前培训。另一次课（3学时）进行志愿服务的汇报和分享，可以采取主题演讲的方式，也可以采用活动汇报的方式，让学生展示志愿服务是如何开展的，在志愿服务活动中获得什么样的体会等。志愿服务活动的开展不占用上课时间，学生可以利用课余或周末进行。

其次，进行志愿服务的动员与管理。将志愿服务作为实践学习纳入教学计划，接下来需要设计志愿服务活动开展的流程，该流程包括分组、制订志愿服务计划、计划提交与审核、计划实施并提交服务证明、总结汇报五个环节。将每个班分成若干个小组，以小组为

单位，通过上海志愿者网，学校青年志愿者协会、院系团委或小组自行联系需要服务的对象，制订志愿服务计划，提交计划书给任课老师。计划通过之后，以小组为单位统一进行志愿服务活动，服务完成后，请服务单位或服务对象开具志愿服务证明，写明服务时间、地点与服务内容，并将志愿服务证明提交给任课教师，最后撰写志愿服务总结并在课堂上进行分享与汇报。

最后，制订志愿服务考核的标准并对该志愿服务进行考评。在这部分需要制订公平公正的志愿服务考核标准与考核方式，以对学生的志愿服务进行公平公正的考核和激励。将志愿服务作为基础课的实践学习部分，其考核计入平时成绩，占总成绩的20％。志愿服务的考核标准分为两个部分，一方面是针对志愿服务活动的考核，以服务的时长、服务的内容、难易程度、付出的心血等方面进行综合考评；另一方面是针对学生对志愿服务所撰写的活动总结、心得体会的汇报进行评价。考核方式分为三种：一是以小组为单位进行考核，主要针对小组的志愿服务活动进行评价，考核所获分数为小组集体分数。二是以个人为单位进行考核，针对个人在志愿服务活动中的服务行为和活动中的心得体会进行评价。三是小组成员相互评价，以每人投出 3 票的方式，选出本组最具志愿服务能力的小组成员，比例为本组成员的三分之一。将这三种考核方式结合起来，可以防止出现小组成员中只有部分组员积极、有些组员搭便车的现象；可以了解每一位组员在活动中具体承担了什么工作，对整组活动的贡献度；可以了解该小组中谁是更有服务意识和服务能力的同学，从而做出客观公正的评价。

当前，我国志愿者队伍日益壮大，社会中的志愿服务也越来越普遍，大学生进行各种各样的志愿服务已经成为大学文化中的重要组成部分。将大学生志愿服务纳入基础课教学体系之中，不仅有助于提高思想政治教育的针对性、有效性、实践性，提高学生对"基础"课教学的认同度。更重要的是，通过课程中的实践学习，通过课堂的展示与交流，能够展现大学生志愿服务的多姿多彩能够增强大学生从事志愿活动的情感共鸣和向善的感染力，促使更多的大学生投身志愿服务中。在志愿服务的过程中，大学生也能够将道德认知转化为道德行为，从而实现知行合一，在不断提高道德品质、完善人格的同时，也推动了社会良好风气的营造。

## 第三节　高校思想政治理论课教学中美育教育的融入研究

我国对高校美育教育的研究取得了一定成果，但是也存在不足，美育教育的研究主要集中在理论层面，审美教育也多侧重在艺术领域，而对于其他各学科的实践领域的美育教育，特别是对于思政课的美育实践研究缺乏重视。本文试图对美育教育在高校思政课实施的现状、美育教育与高校思政课实践结合的途径，以及美育教育在高校思政课达到的成效三方面进行探析，给高校思政课的美育教育提供一些经验。

## 一、美育教育在高校思政课实施的现状与重要性

美育已经成为学校教育不可或缺的重要组成部分。党的十八大以来，我国美育工作取得突破性进展，美育的育人导向更加凸显，结构布局不断优化，课程建设稳步推进，美育活动丰富多彩，资源保障持续向好。根据2017年5月教育部深化学校美育改革督察报告，在义务教育阶段，93.5%的省（区、市）的音乐、美术课程总量达到了国家规定9%的课时数，江苏、重庆等地音乐、美术课程总量达到了总课时的11%；在高中教育阶段，全国86.43%的学校能够开设6个学分的艺术类必修课程；全国75.7%的中等职业教育学校将艺术课程纳入公共基础必修课，并保证72学时。美育课程资源日益丰富。各地各校积极开发利用当地民族民间美育资源，丰富美育课程内容，深化美育教学改革。北京、福建、甘肃等地努力探索构建以审美和人文素养为核心的美育课程体系，在中小学增设舞蹈、戏剧、戏曲、影视等课程；天津、河北、内蒙古、四川等地大力开发具有民族特色、地域特色的地方和校本美育课程；上海、广东充分利用社会艺术场馆的美育教育资源，拓展艺术场馆现场教学平台。美育受惠群体不断扩大。近五年来，教育部对200余所高校开展的高雅艺术进校园活动学生问卷调查显示，近80%的学生在中小学接受了艺术教育，62%的学生参与了艺术社团或兴趣小组，学习掌握了艺术技能。

在美育教育如火如荼开展的过程中，不难发现，我们对美育教育的认识其实有一定的误区，把美育局限为艺术教育，所以许多学校偏重开设艺术课程，教授学生艺术知识和艺术技能，认为这就是美育。美育不能仅仅停留在艺术知识和艺术技能层面，而应以审美和人文素养为核心。美育教育，也是一种素质教育，不仅包括人文知识，也包括人文精神的教育。美育所涵盖的人文知识不仅仅包括美术、音乐等方面的知识，更包括文史哲等方面的内容，蕴含真善美等人文精神，引导学生如何做真正的人、完整的人、有意义的人。

可喜的是，国务院有关部门专门下发文件，对加强和改进学校美育做出了具体部署，使高校的美育有了明确方向和实施途径，尤其在教学改革方面，明确提出促进高校美育与德育、智育、体育和劳动教育相融合，与各学科专业教学、社会实践和创新创业教育相结合，推动美育协同创新。就美育与各学科专业教学相结合而言，艺术课程建设应当是与美育结合得最紧密的一个专业，各高校的艺术专业课程美育进行改革，强化美育育人功能，取得了不错的效果。反观其他的学科，特别是思政专业，美育的教育是远远不够的。美育教育与思政课堂结合的研究成果不多，思政老师发表的文章篇幅比较短，多从宏观说明美育与思政课结合的必要性、作用，对于如何将美育落实到实践中的研究更是少之又少。美育在思政课中结合的现状可见一斑。

## 二、美育教育在高校思政课实践的途径

学校美育是党的教育方针的重要组成部分，学校美育是培根铸魂的工作，是加强社会主义核心价值观教育的重要载体，也是落实立德树人根本任务的重要方面，更是深化教育领域综合改革的重要内容。提高学生的审美和人文素养，全面加强和改进美育是高等教育当前和今后一个时期的重要任务。蔡元培曾指出："凡是学校所有的课程，都没有与美育无关的。"许多课程都蕴含大量的美育内涵，应当充分挖掘每门学科的美育功能，将美育的精神融入学校教育教学的全过程。上海早在 2016 年 7 月 25 日发布的《上海市全面加强和改进学校美育工作》文件中提出，构建以审美和人文素养培养为核心的美育课程体系，确立科学合理的美育课程目标，完善学校美育的课程结构，深化学校美育的教学改革，增强美育与德育、智育、体育的融合，挖掘不同学科蕴含的美育资源。近年来，上海有些高校开始将美育与德育、智育、体育融合在一起，试图挖掘不同学科所蕴含的美育资源。

在所有学科中，高校思政理论课与美育结合起来，可能是难度最大的，因为思政理论课偏于正面教育的理论，看似和美育毫无相关，但是，实际上，思政课里也能挖掘出蕴含着美育的内容，需要教师就教材中的某些内容，展开丰富的美育教学活动。

展开美育教学活动的途径有两种。

一是通过课堂教学。美育是培养学生认识美、爱好美和创造美的能力的教育。在既定的课堂教学模式上，结合教材内容，对学生进行美育的教学活动。思政课老师可以将美育作为一个切入点，通过灵活、生动、形象的美育教育形式，来辅助思想政治教育枯燥的说理教育，从而提高思想政治教育的实效性。

二是展开课外实践。实践课是高校思政课的重要组成部分，是对理论教学的一个很好的补充，是将理论与实践结合起来的最佳途径，可以将美育融入学生的实践活动中。学生进行的实践活动可以加入很多美育的内容，使其在实践活动中能够发现美、欣赏美和创造美。美育活动形式是多样化的，大体有以下四种。

一是聆听音乐。音乐让人赏心悦目，净化人的心灵，提高人的审美能力，陶冶人的性情。

《义勇军进行曲》这首耳熟能详的曲子，最初是为抗日而作的激励民众抗日救亡的歌曲，后来被定为国歌。"中国近现代史纲要"的"抗日战争"这部分内容可以插入这首曲子，让学生从激昂的音乐中感受中华民族不屈不挠的救亡图存的精神，激发学生的爱国主义情怀。

二是欣赏图片。图片可以是画家的作品，也可以从杂志中收集。借助图片，结合教材内容，一方面可以给学生带来美的享受，另一方面通过分析描述图片，可以提高学生的鉴赏能力。

三是沉浸表演。结合教材内容，截取人物的历史故事或者某一段历史事件，让学生模

仿与表演。这种形式在"中国近现代史纲要"课最为合适，既还原了历史事实，又能让学生通过表演接受艺术的熏陶，感受创作带来的乐趣。可以让学生表演这一段历史场景，对话还原当时的场景。英国船长："抵抗是无用的，因为一颗炮弹就能在短时间内使船沉没。"高善继："我们宁死不当俘虏。"英国船长："请再考虑，投降是为上策。"高善继："除非日本人同意让高升号驶回大沽口，否则拼死一战，绝不投降！"英国船长："如果你们要打，外国船员必须离开。"高善继："不能同意，因为没有水手，谁开船？""中国近现代史纲要"还有很多让学生表演的题材，如国共两党的"重庆谈判"、五四爱国主义运动等。学生沉浸表演，将教材枯燥的内容转化为表演形式，大大提高了教学的实效性。

四是创意表现。创意表现是在所有美育教学活动中最能锻炼学生审美能力和创新能力的活动，运用绘画、设计体现创意，对学生的创新能力是一种很大的挑战，而这些也是最能体现美育教育的核心。

以上就思政教材里的某些内容，展开丰富的美育教学活动，通过持续强化刺激，让学生在"场效应"的影响下，全面提高审美能力。值得指出的是，通过场的影响实现审美教育等教学效果，虽然不像某种艺术专长的培育具有显而易见的效果，但对于学生个体的整体审美能力提高能发挥特有的作用。

### 三、美育教育在高校思政课实践推广的成效

苏联哲学家卡冈认为："无论哪种教育活动形式，如果它不包括审美教育成分，就不能达到巨大的效果。"❶ 也就是说，美育可以在各种教育活动中发挥重要作用。那么美育能在高校思政课实践中发挥什么作用呢？笔者在最近一两年的实践摸索中，感受到将美育融入思政课堂会起到非常良好的作用，给传统的思政课堂带来不少惊喜的变化。

#### （一）让思想政治理论课寓教于乐

美育以生动形象为特点，通过美的事物以及具体的可感的形象感染人、触动人的情感，从而达到教育的目的。思想政治理论课的教学是正面教育，理论比较抽象，略显枯燥，使得学生听课的积极性不高，最后就是老师一个人在唱独角戏，学生在底下做各种事情，低头率高，抬头率低，听课效率不理想，思想政治理论课教学的效果自然出不来。而在课堂中融入美育，可以借助一定美学因素使得思想政治理论以美的形象表现出来，达到"寓教于乐"的效果。

#### （二）更好达成思想政治理论课的教学目的

美育在教学上的目的与思想政治理论课的教学目标有一些共性。首先，美育能在潜移默化中改善、提升人的精神，感悟真善美，追求人的精神自由和解放。蔡元培把审美的目的定位为道德教化，认为"涵养德性，则莫如提倡美育"。其次，审美教育同时是情操教

---

❶ 卡冈. 卡冈美学教程［M］. 凌继尧，洪天富，李实，译. 北京：北京大学出版社，1990.

育和心灵教育，不仅能提升人的审美素养，还能影响人的情感、趣味、气质、胸襟，激励人的精神、温润人的心灵，潜移默化地促进德育、智育、体育，促进人的全面发展。最后，美育对于培养学生健康的审美观念和审美能力，陶冶高尚的道德情操，增强爱国主义感情，发展想象力和创造性思维，具有重要作用。

高校思想政治理论课的内容包括世界观、人生观、价值观教育。美育带有强烈的感染性，思想政治理论课融入美育，能更好地帮助大学生树立正确的人生观、价值观和世界观，培养大学生的感悟力，提升大学生精神素养，塑造完全人格，使大学生成为一个全面发展的人。美育可以帮助大学生提高对美的认知、创造美的能力、培养美的鉴赏力，从而使大学生建立起正确的价值观，提升审美素养，获得全面的发展，这和高校思想政治教育有异曲同工的作用，都能促进大学生人格的健康、稳定发展，培育出高素质、高质量的人才。

### （三）发展大学生的想象力和创造性思维

美育的核心是育人，是培养人的思想、道德、情操和促进人的全面发展的教育，不能仅仅停留在艺术知识和艺术技能层面，而应以审美和人文素养为核心，以创新能力培育为重点。思政老师将政治理念中的理性内容加入审美因素，以感性的形式表现出来。学生与生动形象的事物产生情感交流。当产生了审美情感的交流，学生的想象力就会活跃起来，思想就会活跃起来，进入一种自由的状态。一旦达到这种状态，大学生的想象力就会被激发，思维将变得敏捷，这对培养卓越人才无疑起到推动作用。

# 第八章 高校思想政治理论课教学创新研究

## 第一节 以"八个相统一"引领高校思政课改革创新

"思想道德与法治"是高校落实立德树人根本任务的关键课程之一。该课程的教学宗旨在于：以人生理想、政治认同、家国情怀、道德修养、法治意识为重点，引导大学生自觉学习和践行社会主义核心价值观，立大志、明大德、成大才、担大任，为成长为有理想、有本领、能担当民族复兴大任的时代新人打下坚实的思想道德和法治素养基础。

近年来，不少高校在推进"思想道德修养与法律基础"（2021年9月前的课程名称）课程的教学过程中，努力把握大学生成长发展过程中对思想政治理论的需求和期待，着力优化教学理念，已逐步形成了课堂（专题）教学、实践教学、网络教学"三位一体"的教学模式。其中，课堂教学坚持贴近学生认知和需求实际，以问题为导向，以澄清学生的思想困惑为落脚点，设置了多个衔接紧密的教学专题，并以专题教学形式展开。同时，运用网络教学平台，解决学生思政课知识性学习问题，运用实践教学加深学生的认知，三者相互支撑、互为补充。此外，该课程在教学改革中，许多教师立足学生主体实际、课程价值属性和教学目标要求，积极创新教学方法和评价方式，加大对课程"教与学"的过程管理。针对"思想道德修养与法律基础"与大学生现实生活结合紧密的特点，为了调动大学生主动学习、自主学习的主体性、积极性、参与性，探索和实践了多种教学方法，比如，人格魅力法、激情渲染法、体验式教学法、案例研讨法、主题辩论法等。这些教学方法改革取得了一定的教学效果，也受到了学生们的欢迎。

毋庸置疑，该课程在教学改革中积累了一定经验，取得了一定成效，但也依然存在一些问题。比如，课程教学的实际成效与该课程的教学要求之间尚有一定的差距；现有教学模式还不能充分调动学生的主体性、积极性，学生关注度、参与度不够，课程预期的教学效果还需提升；有效的教学方法还不多，对学习过程的考核重视不够；课程教学供给与大学生成长成才实际需求之间还存在一定距离等。这都需要继续推动课程改革创新，不断增强其思想性、理论性和亲和力、针对性。

办好思想政治理论课，最根本的是要全面贯彻党的教育方针，解决好培养什么人、怎样培养人、为谁培养人这个根本问题。要坚持政治性和学理性相统一、坚持价值性和知识性相统一、坚持建设性和批判性相统一、坚持理论性和实践性相统一、坚持统一性和多样性相统一、坚持主导性和主体性相统一、坚持灌输性和启发性相统一、坚持显性教育和隐性教育相统一，推动思想政治理论课改革创新，不断增强思想政治理论课的思想性、理论性和亲和力、针对性。❶ "八个相统一" 的要求为新时代思政课的改革创新指明了正确的方向，如何贯彻落实 "八个相统一" 这一根本遵循以推进课堂教学革命是当前思政课改革创新的重点。

针对 "思想道德与法治" 课程教学当前面临的实际问题而言，进一步推进 "思想道德与法治" 课程的教学改革，应坚持守正与创新的原则，在坚持已有好经验、好做法的基础上，在教学理念、教学目标、教学方法和评价方式等方面，进一步厘清 "为什么教" "教什么" "怎么教" 等问题。

## 一、坚持政治性和学理性相统一、价值性和知识性相统一，进一步厘清 "思想道德与法治" 课程 "为什么教" 的问题

十年树木，百年树人。"为谁培养人" 是思政课教育教学必须回答的首要问题。教育是培养人、塑造人的事业，高等教育的根本任务是立德树人，而 "思政课是落实立德树人根本任务的关键课程"。换言之，思政课的核心价值是 "立德树人"，即通过其价值属性，努力培养能够担当民族复兴大任的时代新人，培养社会主义的建设者和接班人。

思政课 "立德树人" 的教学宗旨，决定了思政课教育教学必须坚持正确的政治性、价值性。这正如习近平总书记指出："我们办中国特色社会主义教育，就是要理直气壮开好思政课，用新时代中国特色社会主义思想铸魂育人"。❶ "办好思政课，要放在世界百年未有之大变局、党和国家事业发展全局中来看待，要从坚持和发展中国特色社会主义、建设社会主义现代化强国、实现中华民族伟大复兴的高度来对待。"❷ 这是思想政治教育建设的需要，代表了国家意志对教育的任务要求。

用习近平新时代中国特色社会主义思想铸魂育人，是思想政治理论课政治性、价值性的鲜明特色和内在要求，它规定了思政课教学的本质，同时规定了思政课改革创新的核心内容。体现在 "思想道德与法治" 课程教学中，就是要求思政课教师在课程教学中站稳站好政治立场，加大思想性、理论性资源供给，以透彻的学理分析回应学生，以彻底的思想理论说服学生，用真理的强大力量引导学生，寓价值引导于知识传授之中，坚持政治担当

---

❶ 吴晶，胡浩．习近平主持召开学校思想政治理论课教师座谈会 ［EB/OL］，2019，3（18）．新华社．
❷ 《求是》杂志发表习近平总书记重要文章《思政课是落实立德树人根本任务的关键课程》 ［EB/OL］，2020，8（31）．新华社．

和学理分析、政治导向和价值引领相结合，以更高的政治站位、更大的责任担当、更广的视野格局，引导学生认同党的路线方针政策，把学习理论知识和实现人生价值结合起来，树立正确的世界观、人生观和价值观，提高思想道德素质和法治素养。

## 二、坚持建设性和批判性相统一、理论性和实践性相统一，进一步厘清"思想道德与法治"课程"教什么"的问题

思政课教学的主要目的是铸魂育人，引导学生增强中国特色社会主义道路自信、理论自信、制度自信和文化自信，这就决定了思政课教学不仅要传导主流思想观念，帮助学生正确认识马克思主义特别是当代马克思主义、21世纪马克思主义的科学内涵、精神实质，认识到"中国共产党为什么能""中国特色社会主义为什么好"的根本原因在于"马克思主义行"，还要直面各种错误观点和思潮，坚持建设性和批判性相统一。实际上，随着经济全球化、文化多元化、信息社会化的不断深入，随着世界百年未有之大变局的加速演变，思政课的教育环境越来越开放。随之而来的是，在国际社会不同思想文化的冲击之下，学生的思想活动变得更加有选择性、多变性和差异性，我国的主流思想观念面临着巨大的挑战。也因如此，在信息如此发达的今天，要让学生免受错误信息、思想的影响，思政课教学就必须贯彻注重"立""破"并举，帮助学生提高独立思考的能力和辨别是非的能力，掌握分析批判错误观点的技能，从而在错综复杂的环境下做到不迷失。

用科学理论培养人，重视思政课的实践性，把思政小课堂同社会大课堂结合起来，是思政课的内在本质和规定性。"思政课的本质是讲道理"，思政课要做到"理论彻底"，就必须深入研究、分析和解决热点与难点问题，发现问题的本质。既要正面说理，教理论，传播与弘扬社会主义核心价值观，发挥主流文化思想观念的引领作用，又要关注"实践"和社会现实，直面"社会大课堂"上存在的各种各样的错误思潮和言论，剖析这些错误思潮和言论的实质所在，研判和分析它们的危害性，为学生提供正确的价值导向、科学的指引以及透彻的理论阐释。如果思政课仅"从理论到理论"，无法做到直面分析社会热点与现实难点问题，就无法与学生产生思想的交流与情感的碰撞，思政课就会成为教师的"独角戏"，也根本谈不上"理论彻底"、以理服人。

"思想道德与法治"课程首先是一门思想政治理论课，这也使得该课程的教学必须坚持建设性和批判性相统一、理论性和实践性相统一。具体地来讲，就是要紧扣世界观人生观和价值观教育、理想信念教育、道德素质和法治素养教育等教学内容，以马克思主义理论为指导，将习近平新时代中国特色社会主义思想和党的二十大以来中国特色社会主义改革和建设的新实践、社会主义核心价值观始终贯穿教学全过程，立足新时代、学习新思想、把握新要求、运用新话语，旗帜鲜明地传播主流思想观念，阐释马克思主义经典理论，守住"红色地带"主阵地，传递正能量。对于"黑色地带"负面的东西，敢于直面各种错误观点和批判各种错误思潮，将思政小课堂同社会大课堂相结合，教育引导学生树立

正确的世界观、人生观、价值观、道德观、法治观，具备现代公民的道德素质、法律素养和思维能力，增强为实现中国梦而拼搏、担当和奉献的意识，立鸿鹄志，做时代的奋斗者、搏击者，自觉投身中华民族伟大复兴的伟业，绽放青春光彩、成就绚烂人生。

坚持建设性和批判性相统一、理论性和实践性相统一，重中之重是以大学生认知问题为导向，实行专题教学，教学核心内容可以包括：当代大学生如何正确认识自己的时代责任与使命？为什么说积极的人生目标和态度是指引人生的灯塔？青年学生为什么要坚定中国特色主义理想信念？为什么说"人无精神不立，国无精神不强"？新时代为什么要弘扬和践行社会主义核心价值观？如何理解道德治理是国家治理的重要方式？为什么要坚定不移走中国特色社会主义法治道路？

### 三、坚持统一性和多样性相统一、主导性和主体性相统一、灌输性和启发性相统一、显性教育和隐性教育相统一，进一步厘清"思想道德与法治"课"怎么教"的问题

思想政治理论课亲和力、针对性不强，教学方法和评价方式不当是重要的原因。"思想道德与法治"是一门融思想性、政治性、知识性、现实性、实践性于一体的课程，相较于其他思政课有其独特的教学要求。因此，推进该课程的改革创新，更为需要关注大学生的认知规律和接受特点，发挥大学生的主体性作用，做到因地制宜、因时制宜、因材施教；更为需要关注教材体系向教学体系、教材内容向教学内容、教材语言向教学语言转化问题，注重启发和潜移默化教育，提升学生发现问题、思考问题、分析问题和解决问题的能力；更为需要关注学生的日常思想实际和日常学习过程管理，重视实践体验和实践养成。

由此，"思想道德与法治"课程应在坚持现有好的教学方法的基础上，进一步探索课堂（专题）教学与实践教学、网络教学相互支撑的教学体系；进一步探索理论讲授与"问题式""探究式"自主学习相结合的方法，激发大学生学习思政课的兴趣，围绕热点话题和学生认知困惑，鼓励引导学生通过"微调查""知识竞赛""课堂辩论""课堂展示""读书报告"等自主学习形式，深化理论认知，让学生积极主动地参与进来，让学生由被动接受的客体转变为积极主动的主体，实现思政课由"要我学"到"我要学"的转变；进一步探索课堂学习与实践体验同道而行，充分利用校内校外的丰富教学资源、基地、平台，设计课外实践活动，让学生自己去求证、去体验、去理解、去感悟；进一步创新教学内容和教学方法，采用多种教学方法和信息化手段，设计契合教学内容的实践教学项目，形成个性与需求相结合的多样性教学方案，创建新形态课堂，使课堂"活"起来；进一步因时而进、因事而化、因势而新地更新课程教学的话语内容和话语方式，努力做到"政治话语学术化、学术话语生活化、生活话趣味化"，提升教学话语的穿透力、感染力；进一步加大学生日常学习过程在课程考核中的比重，构建课堂教学参与、课外实践活动等方面的考核指标等。

## 第二节　人工智能环境下高校思想政治教学工作的创新与守正

人工智能与教育领域的深度融合已经成为新时代的一种发展趋势，教育部近年来数次发文强调要加快人工智能在教育领域的创新应用，利用智能技术改革教学方法、提升教育治理能力，构建智能化、网络化、个性化的教育体系。学术界据此展开热烈讨论，并围绕"人工智能＋教育"理论模型构建、人工智能教育技术应用这两条路径形成了大量研究成果。然而，目前鲜有文献研究人工智能与高校思想政治理论课（以下简称"思政课"）教学工作之间的关系，这使得探讨人工智能如何融入教育领域的相关研究显露出"德育空场"的缺憾。本节认为，人工智能环境下思政课教学工作将呈现"创新且守正"的状态，"创新"即思政课教学在课前、课中和课后的存在模式将发生多维度改变，"守正"指的是思政课教师的关键地位、思政课受众的品德成长规律和思政课的根本任务保持不变。"创新"是为了更好地保持"守正"，更充分地体现人工智能环境下思政课教学的独特优势。

### 一、人工智能环境下思政课教学要积极追求创新

思政课教学当下所面临的教育对象"作为互联网一代和独生子女一代，受到外部享乐主义、消费主义、实用主义和功利主义的影响，对传统的思想政治教育内容和方法缺乏热情"[1]，这在某种程度上导致思政课的教学效果不太理想，有数据显示，"6.9％的大学生认为思政课开展效果'非常好'，28.6％的大学生认为'比较好'，50.5％的大学生认为开展效果'一般'，14.0％的大学生认为'比较差'或'非常差'"。[2] 面对这一困境，广大思政课教师正积极寻求创新并取得了一定效果，而即将到来的人工智能时代更是开启了一个全新突破口，思政课要借助日新月异的人工智能技术重新设计和变革教学模式，全面提升自身的吸引力和实效性。

#### （一）备课阶段从"教师中心化"转变为"学生中心化"

有的放矢地精心备课是上好思政课的首要前提，但当下思政课教学在备课阶段大都面临"学生空场"问题，也就是说，思政课教师在新学期开班前，除了拿到几大张写满姓名、专业、学号等基础信息的表格外，对于授课对象基本上是一无所知。思政课教师在这种条件下备课，自然很难顾及每一位学生在知识储备、兴趣需求和接受能力等方面的个性差异，只能是"以我为中心"、对现有的教学大纲、教案和课件等教学材料进行局部调整，

❶ 本文系上海外国语大学校级课题"'四个伟大'思想的理论逻辑与现实架构研究"的阶段性成果。《十谈》编写组.
　 加强和改进新形势下高校思想政治工作十谈［M］. 北京：人民出版社，2017：91.
❷ 沈壮海，王培刚，等. 中国大学生思想政治教育发展报告 2016［M］. 北京：北京师范大学出版社，2017：454.

难以贯彻因材施教这一教学原则。而在人工智能环境下，思政课教师可以借助智能教育技术对学习者进行建模和知识表征，总结归纳出学习者的认知水平、兴趣爱好和个性能力，推动思政课教学在备课阶段从"教师中心化"转变为"学生中心化"，具体可以分为两种情况：

第一，对于大一新生而言，思政课教师可以在开学前借助人工智能的大数据功能，通过"对中小学的学科建立知识图谱，在知识图谱中标记学生的学科能力，即对每个核心概念上学生应达到哪一个学科能力都进行了标记，建立了学生学科能力的标记模型"，❶ 这样，思政课教师就可以提前获取新班级里每位学生在中小学时期学习政治课所留下的"知识图谱"，充分把握他们的学前知识储备，有的放矢地根据全体学生的具体情况进行备课，设计出既面向全体，又兼顾个性的教学方案。

第二，对于大二及以上高年级学生而言，思政课教师除了知识图谱外，还可以获取他们在大学低年级时期学习思政课所形成的"学习者画像"。人工智能技术通过"对学习行为数据、调查问卷数据以及脑电实验数据进行数据整理与数据挖掘，得到学习者的学习动机和能力画像、学习风格偏好画像，以及知识点兴趣画像"，❷ 这样，思政课教师就可以全面把握新班级里的每一位学生的思政知识储备、学习偏好和认知误区等学情数据，在此基础上做好精准化定位，制定相应的个性化教学策略，在新学期中解决原先学习过程中出现的各种问题，使得思政课教学更加有针对性，大幅度缩短师生教学磨合期。

**（二）授课阶段从"单向灌输化"转变为"双向互动化"**

精彩纷呈的激情授课是上好思政课的成败关键，但当下思政课教学在授课阶段大都面临"受众缺席"问题，也就是说，思政课教师在面向学生授课时，囿于班级学生人数众多、教学时间有限、学生互动意愿偏弱等实际情况，较少开展行之有效的课堂互动，以至于在上课时呈现出"单向灌输化"的局面，很难顾及学生对于教学内容的即时反映。

这一困境在人工智能环境下将得到极大的缓解。思政课教师可以通过"智能数字化学习系统、用户动机识别系统以及各种穿戴设备和信息传输工具的开发与应用"❸，在教学过程中运用虚实融合呈现技术、交互性穿戴设备、体感数据采集技术，精准识别学生的隐性学习状态，快速响应每一位学生的个性化需求，构建师生之间"双向互动化"的教学环境。具体来说，智能设备识别系统可以通过眼部运动分析、面部识别、表情分析等功能，实时分析课堂上学生的听课状态，完成认知诊断服务并同步传送给授课教师。这样，思政课教师在授课过程中就可以借助人工智能技术即时了解每一位学生的听课状态，并实时对自己的授课方式、授课策略和授课方法进行有针对性的调整；对绝大多数同学感到有疑惑

❶ 余胜泉. 人工智能教师的未来角色 [J]. 开放教育研究，2018（6）：13.

❷ 陈海建. 开放式教学下的学习者画像及个性化教学探讨 [J]. 开放教育研究，2017（3）：8.

❸ 李海峰. 国际领域"人工智能＋教育"的研究进展与前沿热点——兼论我国"人工智能＋教育"的发展策略 [J]. 远程教育杂志，2019（2）：11.

的问题再次展开详述，直至彻底讲清教学难点；对绝大多数同学希望与老师展开互动的问题展开提问、分组讨论等，以此活跃课堂气氛，提升学生在教学中的参与感；对于绝大多数同学不感兴趣的内容要调整教学方式，并在授课结束后及时展开教学反思，力求在下次授课时有所改进。

### （三）课后阶段从"交流中断化"转变为"交流持续化"

持续不断的课后交流是上好思政课的有效补充，但当下思政课教学在课后阶段大都面临"师生失联"问题，也就是说，思政课堂内的教学活动结束后师生之间的交流基本就告一段落。之所以出现这种情况，主要原因就在于思政课基本采取的都是大班制教学，授课教师在"一对多"的情况下很难有充足的时间和精力随时解答学生提出的每一个问题，有限的回应也显得滞后且缓慢。再加上也有不少学生一下课就会把书本抛之脑后，即便遇到问题也不太愿意主动询问老师，久而久之造成师生在课后出现"交流中断化"的局面。这一困境在人工智能环境下也可以得到一定的解决：

第一，思政课教师可以通过"智能学习助手，根据学生的学习需求、学习路径和检索痕迹，按需推送学习资源和学习支持，过滤无关的信息，减轻认知负荷、使学生可以随时、随地、随需进行高质量的学习"，❶ 这样，思政课教师就可以根据每位学生在课堂上的学习状况，在课后布置针对性的课后练习及推荐个性化学习资源，避免原先那种给所有学生布置同一种作业、无视个体学习差异的缺陷，做到查缺补漏，巩固学习效果，有效提高学生在课后主动学习的积极性。

第二，思政课教师可以发挥"智能学伴"的作用。智能学伴是"人工智能技术支持的最为典型的社交智能化代表，超越了智能导师系统的学习指导角色限制，承担了学习导师和学习伙伴的双重角色"，❷ 既可以设计各种契合学生个性特点的智能化学习方案，又可以通过大数据纳入海量题库和解题方式，还可以做到不知疲倦地 24 小时在线、随时回复学生课后遇到的各种问题。再者，对于那些回答不了的深层次问题，智能学伴再选择推送给思政课教师，由教师专门作出人工回复，让师生之间的课后交流变得持续且高效。

## 二、人工智能环境下思政课教学要坚定保持守正

如上所述，思政课教学可以借助人工智能来积极追求创新，以此丰富教学形式、改进教学方法、提升教学质量。但需要注意的是，人工智能在本质上是无鲜活意志的、无法进行深度情感交流的机器，缺乏批判性思维和创新性意识。因此，思政课教师在追求创新时不要"迷信"人工智能会解决一切教学难题，而要更好地保持思政课教学中所特有的守正因素。

---

❶ 曹培杰. 智慧教育：人工智能时代的教育变革 [J]. 教育研究，2018（8）.
❷ 李海峰. 国际领域"人工智能＋教育"的研究进展与前沿热点——兼论我国"人工智能＋教育"的发展策略 [J]. 远程教育杂志，2019（2）：11.

**（一）思政课教师在教学中的关键地位不变**

习近平总书记在学校思政课教师座谈会上强调，"办好思政课关键在教师，关键在发挥教师的积极性、主动性、创造性"。❶ 这充分表明，思政课教师的关键地位不会随着外在教学环境的变化而发生改变，不管人工智能在技术上多么发达，思政课教师依然会在教学过程中占据主导性优势。人工智能的确可以丰富思政课教师的"教书"手段，将他们从机械性、重复性和烦琐的事务性工作中解放出来，但其仍然属于教学过程中的"辅助者"，无法取代思政课教师所承担的"育人"功能。

人工智能只能被动地按照所输入的指令去完成任务，自身不具备任何主动性和创造力，这样自然无法培养学生的逻辑思维能力、批判性思维和创新性意识。如果错误地将人工智能视作思政课教学过程中的"主导者"，就会加重当代大学生重视专业技能学习、轻视人文涵养培育的这一错误倾向，最终"制造"出大批"精通"专业技能、但缺乏人文底蕴的"职场精英"。众所周知，马克思主义理论涵盖了哲学、政治学、历史学等传统哲学社会科学中的大量精华内容，这使得思政课教师可以在四门主干课程的教学中融合多学科的理论知识，培养学生掌握唯物辩证的科学方法，领会马克思主义的精髓要义，形成正确的世界观和方法论，培养科学的思维方式，增强分析问题和解决问题的能力。

再者，人工智能终究是无法注入人类情感的机器，尽管它可以使用各门语言和学生进行学习上的问答，甚至能解决很多教师短时间内无法解决的难题，但它不能和学生展开情感和心灵上的沟通，也无力排解学生在学习和生活中所承受的各种压力。如果思政课教师将人工智能视作教学过程中的"主导者"，忽略和学生之间的交流，就可能导致他们缺乏美好而丰富的情感，不善于和他人交流，甚至出现逃避人际交往的自我封闭倾向。思政课教师应该发挥自身的独特优势，不仅可以通过课堂教学潜移默化地塑造学生的三观，而且能在课下和学生面对面地、敞开心扉地进行沟通，深刻关怀他们的情感需求，引导他们正确面对所遇到的各种压力和问题。这些都是人工智能做不到的，也是思想政治课教师关键地位不变的根本原因。

**（二）思政课教学对象的品德形成规律不变**

大学生正处于人生观、世界观和价值观的塑造关键期，面对复杂多变的国内外形势、社会思想文化领域和思想观念领域的剧烈冲突，他们容易被以互联网为媒介的各种错误思潮误导，不能冷静客观地看待各类社会热点问题，最终导致无法养成良好的道德品性。而人工智能不管怎么发展，在本质上终究属于外在性的技术因素，无法应对各类社会问题对大学生内心带来的负面冲击，自然也就不能在根本上促进他们思想品德的内在生成。

面对这一情况，思政课教师首先要认识到"外部环境因素对主体是否产生影响，产生

---

❶ 习近平主持召开学校思想政治理论课教师座谈会 强调用新时代中国特色社会主义思想铸魂育人 贯彻党的教育方针落实立德树人根本任务［N］. 人民日报，2019 - 03 - 19.

什么样的影响，关键不在环境因素本身，而在于接受者本身的主体因素，在于主体对环境因素的选择、吸收状况，在于主体因素与客体因素之间的平衡和协调状况"❶ 这一品德形成规律。显然，思政课教师要抓住这一不变因素，深入了解当代大学生内心的真实想法，耐心开导他们成长过程中的内在困惑，切实把握他们看待社会问题的思想动态，在此基础上引导他们运用马克思主义理论来观察外在世界，透过现象看本质，从扑朔迷离的社会现象中把握问题的实质，面对纷繁复杂的国际形势，保持冷静观察，不为流言所惑。这样，思政课教学才能在把握当代大学生思想品德形成规律的基础上，有效贴合他们的内在需求，减少外在社会环境对于他们的负面影响，引导他们在一些大是大非问题上具有正确认识，帮助他们在思想观念、价值取向上站稳立场，增强他们对中国特色社会主义的思想认同、理论认同和情感认同，最终形成良好的思想道德品质。

### （三）思政课教学的根本任务不变

习近平总书记在全国高校思想政治工作会议上指出，"加强和改进新形势下高校思想政治工作，必须坚持把立德树人作为中心环节"，❷ 思政课教学要坚定不渝地将"立德树人"这一根本任务贯彻到底。人工智能的技术优势虽然有助于传播"知识"，但做不到有效"育人"，过分"迷信"技术只会导致"唯智能论"的极端倾向，从而忽视培养当代大学生道德品质的历史重任。

首先，人工智能再怎么发达也无法触及当代大学生的思想和灵魂，进而不能引导他们树立科学的世界观和人生观，也无法帮助他们形成坚定的社会主义理想信念。而思政课教学侧重于增强大学生对马克思主义的正确理解，帮助他们掌握马克思主义的基本立场、观点、方法：一方面引导大学生认识到马克思主义是科学的世界观和方法论，要自觉学习和运用马克思主义，用来武装自己的头脑和指引自己的人生；另一方面让大学生领会到马克思主义具有崇高的历史使命，学习它以改造世界为己任、以实现人的自由而全面发展为终极关怀的崇高精神，做到真懂、真信马克思主义，从而树立坚定的理想信念，坚定中国特色社会主义道路自信、理论自信、制度自信和文化自信。

其次，塑造大学生的价值观是思政课"立德树人"的应有之义，习近平总书记曾经指出："青年的价值取向决定了未来整个社会的价值取向，而青年又处在价值观形成和确立的时期，抓住这一时期的价值观养成十分重要。这就像穿衣服扣扣子一样，如果第一粒扣子扣错了，剩余的扣子都会扣错。人生的扣子从一开始就要扣好。"❸ 显而易见，思政课教学要责无旁贷地承担起培养大学生价值观的重大责任，只有引导他们在人生关键期形成正确的价值观，才能保证他们未来的人生之路一帆风顺，才能确保整个社会形成健康向上的

---

❶　陈万柏，张耀灿.思想政治教育学原理［M］.北京：高等教育出版社，2001：130.

❷　习近平在全国高校思想政治工作会议上强调：把思想政治工作贯穿教育教学全过程 开创我国高等教育事业发展新局面［N］.光明日报，2016-12-09.

❸　习近平谈治国理政（第1卷）［M］.北京：外文出版社，2014：172.

良好氛围。而人工智能再怎么发达，也不过是一种由设计者所开发的技术手段，它本身不具备价值判断的能力，无法深入了解大学生的内心需求，自然也起不到培育他们价值观的作用。相较而言，思政课教学具有无可替代的价值引领功能，它可以提高大学生的思想道德修养水准，引导他们形成正确的是非观念和价值判断，促进他们将社会主义核心价值观内化于心、外化于行，为新时代中国特色社会主义伟大事业塑造有德之人。

## 三、思政课教师是促成创新与守正辩证统一的决定性环节

人工智能与教育领域的深度融合正在逐步实现，这必然促发思政课教学发生较大改变，面对这种即将到来的冲击，广大思政课教师要在思想上做好充分准备，明辨人工智能相对于教学而言的优劣，既不要因为人工智能所引发的教学形式之变而不知所措，又要防止过度"迷信"人工智能的改造力量而忽略自身教学能力的提升。广大思政课教师还要在实践中做到既可以娴熟地运用人工智能促进教学模式的创新，又要充分守正思政课教学的独特优势来克服人工智能的各项缺陷，促成人工智能与思政课教学的良性融合。

### （一）思政课教师要充分把握创新与守正之间的辩证关系

思政课教师要明确人工智能环境下思政课教学创新与守正的辩证关系：首先，思政课不积极追求创新就无法保持守正。当下思政课教学中出现的各种困境虽然是暂时的，但如果思政课教师采取视而不见的"逃避"态度而不积极寻求解决问题的各种办法，就不可能完成"立德树人"的根本任务。在这种形势下，人工智能与教育领域的深度融合无疑开启了一个全新的突破方向，思政课教师要积极运用人工智能来更新升级教学模式以完成创新，使得思政课教学在备课阶段从"教师中心化"到"学生中心化"、授课阶段从"单向灌输化"到"双向互动化"、课后阶段从"交流中断化"到"交流持续化"，这样才能有效提升思政课教学的实效性，让思政课成为深受大学生喜爱的"金课"。其次，保持守正才能产生真正意义上的创新。思政课教师必须明确自身的教学地位，遵循当代大学生思想品德的成长规律，践行"立德树人"的根本任务，这样才能保持守正，确保教学过程中通过人工智能实现的各种形式改造产生"育人"实效。简而言之，思政课教师如果不能在思想上充分把握创新与守正的辩证关系，就会导致自身要么只满足于消极完成教学任务而丧失积极求变的主动性，要么过度追求徒有其表的形式改造而迷失思想政治教育的本真。

### （二）思政课教师要继续发挥自身的"育人"优势

如前所述，思政课教师要进一步巩固和发挥自身在人工智能环境下的独特优势和魅力，要认识到"思想政治教育系统是由教育者、受教育者、教育内容与教育方式等基本要素构成的，教育者在思想政治教育过程中居于主导地位，起着主导作用"，[1] 人工智能融入教育说到底只是带来教育方式的改变，不会影响和改变教育者的主导地位，这既是技术自

---

❶ 郑永廷．思想政治教育方法论［M］．北京：高等教育出版社，2010：311．

身的限度所致，又是思政课教学"育人"功能的体现。人工智能将替代思政课教师原先答疑辅导、作业批改、试卷分析等大量机械性的重复工作，帮助他们节省出大量时间，将更多精力投入启发性、个性化教学，但人工智能再怎么发达也总是基于既定知识进行运算，不具备主动创造新知识的能力，无法培育当代大学生形成正确的价值观念、道德品性和深厚的人文底蕴。思政课教师要积极克服人工智能的这一缺陷，并发挥自身的主导性优势，一方面要借助技术的发展解决"教书"中出现的一些问题，帮助学生更快更好地去获取思政相关知识；另一方面要承担起"立德树人"的历史责任，力求通过言传身教成为学生的精神导师，培养学生智慧，启迪学生心智，帮助学生树立科学的世界观、人生观和价值观，全面提升学生的思想品德素质和人文精神境界。

### （三）思政课教师要积极弥补自身的技术劣势

可以想见，人工智能环境下对于授课教师的基本学科素养、人工智能教育应用知识和能力提出了较高要求，这给本来就缺乏技能优势的思政课教师带来不小的压力和挑战。要想在教学过程中真正运用好人工智能，思政课教师首先就需要弥补自身的技术短板，要积极主动参加各种教学培训和模拟练习，学会借助技术设计个性教案、拓展学习资源、丰富学习形式等，努力提升运用人工智能的技术能力，以便为新形势下的思政课教学活动赋能。需要注意的是，思政课教师还要提防人工智能融入教学领域后所隐藏的伦理风险，要在培训过程中学习基础性的网络防御知识，保护好学生的隐私数据，加强维护信息安全的意识。人工智能在教育应用过程中因大量使用数据库的搜集和记忆功能，不可避免地会全面触及学生的学习状况、个性偏好、能力等级等隐私数据，如果思政课教师不具备一定的防范风险的能力，就有可能导致数据泄露，使得学生在未做好任何心理准备的情况下遭受较重的心理冲击，并带来教学伦理上的各种问题，最终影响到思想政治教育的实际效果。总之，思政课教师作为教学过程中的主导者，既要发挥人工智能在教学中的辅助者作用，又要充分展现自身独特的"育人"优势，营造"创新且守正"的教学环境，高效完成"立德树人"的根本使命。

## 第三节　以课程为中心建设推进高校思政课教学改革创新

与专业课不同，思政课的重点是对学生进行价值引导；与专业课教师不同，思政课教师的教学对象是所有专业的学生；与一般的本科教学院系不同，马克思主义学院大多不设"系"，而是直接以思政课为教学组织的基层单位。思政课必须准确把握自身的特点，思政课教师必须树立准确的身份自觉，马克思主义学院必须明晰准确的办学定位，思政课教学才能与专业课等一起在育人过程中发挥同频共振、同向聚合的作用。

## 一、教学理念三学说：教师中心、学生中心与课程中心

在学校教学研究中，通常把教师、学生、课程视为学校教学的三要素。针对三个要素，研究者们一般提出了教学研究中的三种不同主张，即教师中心说、学生中心说和课程中心说。随着教学研究的深入和教学环境的不断变化，近来，针对这三种不同的主张，研究者们提出了新的观点。

### （一）教师中心说与学生中心说

"传统教育"和"现代教育"的重要分界即关于教师和学生在教育过程中的地位关系。从名称就能大致了解各自的主张，教师中心论强调教师的权威作用，认为教育活动以教师为中心展开，教育的核心是教师、教材、课堂，其代表学者是德国教育家赫尔巴特。而学生中心论强调教育活动要以学生为中心，教育的核心是学生、活动、经验，学生的发展是一种主动的过程，教师在教育中的作用在于激发、引导学生的兴趣，满足学生成长过程的需求，其代表人物是卢梭和杜威。

两者争论的焦点在于对教师和学生在教育过程中主导和主体地位的认知，前者认为后者过于理想化，教师无论在知识还是心智上都更成熟，有能力和责任引导、组织甚至干预学生，而不是单纯地尊重或顺从；后者则批评前者低估了学生的主观能动性和主体地位，认为学生只能在个体经验中获得发展，取得他们所需要的知识，学生的发展是一种自然的过程，教师不能干预这个自然发展的过程，要做的只是顺势而为，教师在教育中只在于使学生亲身去获得某种生活的训练。

现在的研究者越来越倾向于认为，教师的主导作用和学生的主体地位在教育过程中是辩证统一的，教师的主导作用在于尊重学生的主观能动性，实现个体社会化的培养目标；学生在学习中发挥主观能动性，需要教师的引导和激发，即教师发挥主导作用，而不是被动地迁就或顺从；两者不是非此即彼的排他关系，强调教师的主导作用不必建立在否定学生的主观能动性的基础之上，强调学生的主体作用更不能否定教师的主导作用。

### （二）对学生中心说的反思

针对近年来以学生为中心的教学理念越来越突出的现象，学者们开始进行反思，以新加坡国立大学心理学系副教授妮娜·鲍威尔（Nina Powell）和副教授瑞贝卡·瓦尼克（Rebekah Wanic）为代表，他们于今年4月在英国《泰晤士高等教育》杂志官网刊发了题为《"以学生为中心教育"是一种不友善哲学》的文章，指出"以学生为中心教育"虽初衷较好，但实践中常演变为学生满意度被置于教育目标之上，反而使学生无法获得高等教育本应提供的丰富学习经历，实际上对学生并不"友好"。[1]

换言之，以学生中心说并非简单地一切以学生的满意度为目标，而是以学习质量和学

---

[1] 王悠然．纠正对"以学生为中心教育"的误解［EB/OL］，2022，5（13）．中国社会科学网．

习效果为中心，课程是学习质量和学习效果最重要的抓手，教师和学生对学习的关注统一于课程供给。

### （三）课程中心学说的兴起

课程、教师、学生之间是一种复杂的关系模式，教师和学生是推动课程发展的主力，也是课程建设的一部分；课程和教学融合在一起，是一体两面的课程教学形式。在课程为中心，学生要有主动获取知识、加工知识和知识再生产的能力，教师指导要有重心下移意识和处理生成过程中不确定性因素的能力。❶ 正如前文指出，教师与学生在教育活动中不仅不是对立的，而且教师的主导性和学生的主体性是统一的，统一的载体即是课程。就课程教授而言，有研究者指出，"教师中心"并非一个理念而是一个事实，"教师中心"的课堂教学至少是效率上最高的，组织成本是相对低的。对知识传授而言，教师先行掌握了知识，由教师来"主导"课程的思路设计、流程安排、问题设置、疑难讲解和全局掌控，可以让课程的逻辑、衔接、进度、方向等都得到较好的把握。教师在课程设计时应该对学情有充分的把握，在课程讲授时应该针对学情尽可能调动学生的积极性和参与度，这样就是教师中心与学生中心的统一———课程中心。❷ 由此，"教师中心"这一事实并不必然和"学生中心"这一理念相对立，而是完全可以统一起来，从而化解在"教师中心"和"学生中心"之间非此即彼、二元对立的矛盾。所谓"中心"与否不是从形式上去判断，例如，简单地去分析课堂讲授的比例有多大、互动多不多，而是要从课程实际效果上来衡量。

## 二、课程中心：以基层教学组织变革推进思政课教学改革创新

2019 年 11 月，上海外国语大学党委下发《关于深化新时代学校思想政治理论课改革创新的实施方案》，方案中明确将课程中心建设作为重要实施举措之一，"设立课程中心，抓实思政课教学方法改革创新。按照思想政治理论课开设方案，设立'习近平新时代中国特色社会主义思想概论''马克思主义基本原理''马克思主义中国化''中国近现代史纲要''思想政治教育''形势与政策'与'世界中国'等课程中心，以课程中心建设为平台，增强思政课的思想性、理论性和亲和力、针对性。实施思政课教学集体攻关行动，建立思政课教师'手拉手'集体备课工作机制发挥学科带头人、骨干教师的'传帮带'作用，深入开展集中研讨提问题、集中备课提质量、集中培训提素质活动"。

与其他专业教学院系不同，上外马克思主义学院没有本科专业学生，思想政治理论教师与一般的专业教师也不同，所教授的思想政治理论课程面向所有专业和学科，从传统的"教研室"设置到"课程中心"建设，是对教学基层组织的创新探索。

---

❶ 陈算荣，张波．知识观变化下的课程、教师和学生关系之演进［J］．高教探索，2019（9）：76－81.
❷ 王卉，周序．虚无的对立与事实上的统一——论"教师中心"与"学生中心"的关系［J］．现代大学教育，2019（3）：40－46.

**（一）教学理念：从主体中心到客体中心**

不同于传统的基层教学组织，课程中心不仅促进教师之间交流，亦促进了师生之间的互动。课程中心既是教师线下开展"三集三提"的重要依托、也是师生教学交流的线上平台，围绕教学，课程中心备课、授课、作业、答疑、考核等各个环节，提高教师教学工作的效率，增进师生之间的情感交流。

我国学校教学的价值取向应从"以学生掌握知识为本"调整为"以学生的发展为本"（以学生素养的形成与完善为本）。而学生素养发展具有特定的机制：学生素养不能以接受的方式从教师那里直接获得，而是要基于自身能动的学习活动过程才能形成。对应地，教师教导学生的机制不是直接传递，而是通过对学生能动学习活动的引导和促进，间接地影响学生的素养发展。在完整的教学活动中，作为目的性或本体性活动的学习自然要成为教学的中心，而教导只是为学生能动、独立学习服务的一种手段性或条件性的活动。以发展为本的教学必然要求教学以学习/课程为中心，换言之，学习/课程中心是实现以发展为本的必要条件。❶

对思政课而言，遵循教师主导性与学生主体性相统一的原则，是保障思政课实现政治性与理论性相结合的重要基础，"教师主导，学生主体"不同于"教师中心论""学生中心论"等，教师主导侧重强调教相对于学的逻辑优先性，而学生主体则强调学相对于教的价值优先性，两者分别体现了思政课教学活动不同方面的特征。贯彻教师主导，是因为教师相对于学生而言更有思想、更讲政治、更懂理论，因而思政课的教学内容、教学进度、教学方式都应当由教师来把握设定。贯彻学生主体，落实立德树人根本任务，思政课教学最终服务于社会主义建设者和接班人的培养大业。思政课的教不是简单的给予，学也不是简单的接收，教学过程应当是一个思想双向流动的过程，教师与学生之间应当建立稳固的呼应关系，一方有所呼，另一方必有所应。这就要求在鼓励教师发挥主导作用的同时，充分调动学生以主体身份参与教学过程。❷

**（二）组织理念：从层级意识到平台思维**

高校基层教学组织是高校开展教学工作的重要支撑，一般按课程、专业或学科设置，在学院等高校二级教学单位直接领导下，按本单位的人才培养方案和教学工作计划直接组织教学、开展教学研究的基层单位，是学校教学组织、教学管理、教学改革的最基本单位。高校基层教学组织发挥着完成教学任务、助力教学改革、提升教学水平等重要作用，是教师教学学术能力生长的根际土壤，是教师教学学术能力提升的营养源泉，是贯彻落实习近平总书记重要指示精神、加强新时代高校教师队伍建设、提高教学质量的关键举措。❸

❶ 陈佑清. 学习中心教学论［M］. 北京：教育科学出版社，2019：1－2.

❷ 阿勒泰·赛肯. 正确认识思政课中教师主导与学生主体的统一［N］. 光明日报，2019－08－02（05）.

❸ 杨国庆. 创新新型基层教学组织 推动教师教学学术发展［N］. 中国社会科学报，2022－03－25.

基层教学组织是高校落实教学任务、承担教学活动、开展教学学术研究、促进教师发展的载体，与人才培养质量息息相关。早期高校基层教学组织主要采取高度集中的人才培养管理模式，以教研室为典型代表；随后陆续衍生出如系科、研究所、课程组等新形式。然而，随着科技发展和高等教育变革，传统基层教学组织在组织结构、体制机制、主要职能与运行方式等方面明显滞后，如组织结构单一化、同质化特质明显，以学科专业目录为建制依据的教学主体、教研主题多集中于单一学科内部，从实践来看，这造成教学组织之间的学科壁垒与专业藩篱。"学科教学知识论"的提出者舒尔曼认为"当教师发展出与自身学科学术知识紧密相连的教学法概念时，教学则可被视为学术活动"。随着大数据时代的到来，信息技术、人工智能迅猛发展，学生学习和成长的需求日益多样化。学科教学知识论的内涵和外延极大拓展，必然带来一场从"教"到"教学并重"的范式革命，即改变以"教师、教材和教室"为中心的教学，教师不再只是传统意义上的课堂知识讲授者，还是课程开发者、教学设计者、学生知识获取的引导者，这对新时代高校教师教学学术能力发展提出了新要求。

教师教学学术能力指教师把教学过程作为研究对象，通过课程开发和教学设计，实现课程知识有效传播的能力，包括以价值观念、知识结构、技术方法、人际交流等为依据的教学学术价值选择与自觉实践能力、学科教学知识探索运用与转化能力、教学方法技术融通学习与综合运用能力、教学团队建设与师生交流关爱能力等。卓越的教学学术能力培养必须经过科学的学习和组织教学的训练，教师通过长期研究、教学感悟和经验积累，才能经历从新手到熟手、能手、名师的过程。课程中心践行从教师中心到教师发展为中心的理念，通过制订和落实教学计划与任务、组织教学改革研究、开展教学培训与评价、培育教学文化等为教师教学学术核心能力的提升提供了多维度支撑。

**（三）功能理念：从分科教学到衔接贯通**

思政课作为中国高等教育的特色，从教学内容到课程设置、课程名称等经历了多次的变化，但无论如何变化，思政课作为一个体系，与其他专业课一起有机构成了人才培养方案。在思政课教学实践中，思政课作为"体系"的存在其显示度并不强，尤其对思政课教师而言，通常，一位教师只负责自己所开设的某一门思政课，而对其他的思政课关注度不够，这一方面是因为思政课教师各自的学科背景不同，教学上习惯于只关注自己所教授的课程；另一方面，现行的教学机制也缺乏对思政课教师主动去贯通不同思政课之间教学的激励举措。

## 三、完善机制：课程中心与师生的成长发展需求有机结合

2021 年 3 月，上外马克思主义学院成立了六个课程中心，作为增强思政课思想性、理论性和亲和力、针对性，深化思政课改革创新的平台。六个课程中心分别为"习近平新时代中国特色社会主义思想"课程中心、"马克思主义基本原理"课程中心、"马克思主义中

国化"课程中心、"中国近现代史基本问题"课程中心、"新时代思想政治教育"课程中心、"中国与世界"课程中心。

课程中心成立以来，逐渐打破思政课教师原有的身份固化归属于一个教研室的惯性，强化课程中心作为平台激发教师发展潜力的功能。2022—2023学年开始推行每位思政课教师参加至少两个课程中心，即上两门不同思政课（本硕博思政课中的两门，形势政策课除外）的举措，具体可以选择三个方案中的一个：①本科生的5门思政课中的2门；②本、研思政课各一门；③一门思政课＋一门思政选择性必修课。

推进每位思政课教师上两门不同思政必修课的主要原因是通过具体举措推进不同思政课之间的贯通。思想政治理论课是成体系的，这种体系既体现于纵向上大中小一体化（大学又分为本硕博三阶段的一体化）的过程，也体现于横向上不同思政课之间有衔接与贯通。特别是以本科生的5门思政课而言，"习近平新时代中国特色社会主义思想概论""马克思主义基本原理""毛泽东思想与中国特色社会主义理论体系概论""中国近现代史纲要""思想道德与法治"，这5门思政主干课程之间有内在的逻辑统一性；对学生而言，通过思政课的学习，对理论与实践、对历史与现实、对知识与价值应该有一个系统的框架，这种框架应该是内化于学生的政治认同、思维方式和行为观念的，如此，才是实现了思政课的思想性、理论性和亲和力、针对性。

推行思政课上两门不同的思政课何以可能？从课程学理来看，"马克思主义基本原理"与"思想道德与法治"两门课程之间，"习近平新时代中国特色社会主义思想概论"与"毛泽东思想与中国特色社会主义理论体系概论"两门课程之间，"毛泽东思想与中国特色社会主义理论体系概论"与"中国近现代史纲要"两门课程之间原本就是更有侧重、一脉相承的关系；当代本科生5门思政主干课程每两门课程相互之间都具有内在逻辑统一性。本科生与研究生的思政课之间也有前后衔接和贯通的需求。对每位思政课老师而言，只要把握课程之间的内在统一性，结合自身的学科背景，完全可以胜任同时承担两门不同思政课的任务。此外，还有第3个方案可以供思政课教师选择，即在规定的思政必修课之外，开设选择性必修课程，如此，可以大拓展思政课课程群的规模，提供越来越多的优质课程，进而促进思政课程与课程思政的同向同行、融合统一。对教师而言，通过开设或承担不同的课程，可以拓宽研究的领域，促进教师更加主动更新知识结构，激发研究的潜能，挖掘新的研究方向，发现研究的真问题。事实上，统计表明，学院现在教师中一半教师已实现了同时担任两门不同思政课的教学目标。

同时，学院推出激励教师开设不同思政课程的保障举措。如对开设新课的教师给予绩效奖励，按学年计算教师工作量，在保证整体教学秩序正常的前提下，给教师更多教学与科研上自主安排的空间。

下一阶段以课程中心为平台，通过集中研讨提问题、集中培训提素质、集中备课提质量外，在确保课程供给的基础上，将更加聚焦于提升思政课的质量，建设更多的金课。除了课程本身，加大课堂教学方法的创新，优化教学评价体系，创新实践教学方式，探索更加科学合适的思政课贯通衔接方式，比如，不同的课程在哪一个学期开设效果更好，对学生而言，如何遵循课程体系内容的规律性、通过优化课程学习的先后顺序提升课程的教学效果，可以通过加大思政选择性必修课的供给和质量，逐步实现思政课程与课程思政的无缝衔接。

# 参考文献

[1] 徐国亮.思想政治教育[M].济南:山东大学出版社,2007.

[2] 宋元林.网络时代大学生思想政治教育导论[M].长沙:湖南人民出版社,2002.

[3] 张耀灿.思想政治教育学原理[M].武汉:华中师范大学出版社,1988.

[4] 王蕊.当代大学生思想政治教育研究[M].北京:中国农业科学技术出版社,2012.

[5] 董娅.当代思想政治教育方法发展新论[M].北京:中国社会科学出版社,2012.

[6] 吴成国,喻清.伟大建党精神融入高校思想政治理论教学的实践理路[J].重庆交通大学学报(社会科学版),2023,23(3):9-15.

[7] 唐彬格.探究马克思主义认识论视域下的高校思想政治理论课教学方法创新思考[J].湖北开放职业学院学报,2023,36(10):21-23.

[8] 玉香,谢从戎.增强高校思想政治理论课成效性研究[J].甘肃教育研究,2023(5):97-100.

[9] 何丹娜.思想政治理论课把道理讲深、讲透、讲活的本质与实现理路[J].云南大学学报(社会科学版),2023,22(3):137-144.

[10] 王洪杰,张宁.高校思想政治理论课教师服务精神探析[J].长春师范大学学报,2023,42(5):154-157.

[11] 杨斌,李欣,史方欣.高校思想政治理论课案例教学:实践基础、现实困境及路径选择[J].榆林学院学报,2023,33(3):116-120.

[12] 陈国栋,王艳华.高校思想政治理论课实效性提升路径研究[J].陕西教育(高教),2023(5):10-12.

[13] 梁飞亚.如何推进高校思想政治理论课高质量发展[J].西部素质教育,2023,9(9):64-67.

[14] 楼盛华.高校思想政治理论课研究回顾与展望——基于期刊论文的文本分析[J].丽水学院学报,2023,45(3):77-83.

[15] 陈步云,厉晓妮.大数据时代思想政治教育信息分析方法的理论思考[J].学校党建与思想教育,2023(9):48-51.

[16] 阎国华,闫晨.高校思想政治理论课教学适应性的问题逻辑与应对策略[J].思想理论教育,2023(5):69-75.

[17] 茹仙古丽·玉素甫.新时代视角下高校思政理论课教学的实践与思考[J].成才之路,2023(13):29-32.

[18] 吴晓莹.新时代高校思想政治理论课教学改革实践探讨[J].吉林工程技术师范学院学报,2023,39(4):32-36.

[19] 熊晓琳,李国庆.新时代思想政治理论课教师教学能力探究[J].思想理论教育导刊,2023(4):112-117.

[20] 徐蓉,陈振媚.论高校思想政治理论课教学的三重境界[J].教学与研究,2023(4):55-62.

[21] 王娟,张瑞丹.高校思想政治理论课教学效果影响机理和创新发展路径研究[J].洛阳师范学院学报,2023,42(3):81-84.

[22] 肖云,刘小红.人的全面发展:探析"互联网+"背景下高校思想政治理论课教学[J].世纪桥,2023(3):30-32.

[23] 佘双好,汤婉丽.新时代高校思想政治理论课教学方法的创新发展与展望[J].思想理论教育导刊,2023(3):107-115.

[24] 王聪惠.高校思想政治理论课教学"线上"与"线下"的应用研究[J].数据,2023(3):91-92.

[25] 张传泉.伟大建党精神融入高校思想政治理论课教学探析[J].中国青年社会科学,2023,42(2):73-79.

[26] 杨叶平,李晨,高子尧.新时代高校思想政治理论课教学实效性研究[J].黑龙江工业学院学报(综合版),2023,23(2):48-52.

[27] 张建晓.提升高校思想政治理论课教学效果的系统之策[J].现代教育科学,2023(2):104-110.

[28] 王俭.从美育的角度诠释高校思政课教学艺术[J].辽宁工业大学学报(社会科学版),2023,25(1):130-132.

[29] 雷兰,方建斌.高校思想政治理论课实践教学的成效及经验分析——以西北农林科技大学为例[J].柳州职业技术学院学报,2023,23(1):52-56.